안확의 국어 연구

정승철

서울대학교 국어국문학과를 졸업하고 동대학원에서 박사학위를 받음. 저서로『제주도방언의 통시
음운론』,『한국의 방언과 방언학』,『한국 근대 초기의 언어와 문학』(공저),『일제 식민지 시기 한국
의 언어와 문학』(공저),『소리와 발음』(공저) 등이 있고 논문으로「경성제국대학과 국어학」,「어문
민족주의와 표준어의 정립」,「小倉進平의 생애와 학문」,「'고무래'의 방언 분포와 방언형의 변화」,
「제주방언의 음운론 연구사」 등이 있음. 인하대학교 문과대학 한국어문학과 교수를 거쳐 현재
서울대학교 인문대학 국어국문학과 교수로 재직하고 있음.

최형용

서울대학교 국어국문학과를 졸업하고 동대학원에서 박사학위를 받음. 저서로『국어 단어의 형태
와 통사-통사적 결합어를 중심으로-』,『발표와 토의』(공저),『글쓰기의 전략과 실제』(공저),『열린
세상을 향한 발표와 토론』(공저),『한국어 형태론의 유형론』,『정확한 화법과 미디어 언어 분석』
등이 있고 논문으로「국어의 단어 구조에 대하여」,「품사의 경계」,「한국어 형태론의 현저성에
대하여」,「형태론과 어휘부」,「복합어 구성 요소의 의미 관계에 대하여」 등이 있음. 공군사관학교
전임강사, 아주대학교 인문대학 국어국문 전공 조교수를 거쳐 현재 이화여자대학교 인문과학대
학 국어국문 전공 교수로 재직하고 있음.

안확의 국어 연구

초판 인쇄 2015년 6월 24일
초판 발행 2015년 7월 6일

지은이 정승철, 최형용 | **펴낸이** 박찬익 | **편집장** 권이준 | **책임편집** 김지은
펴낸곳 ㈜**박이정** | **주소** 서울시 동대문구 천호대로 16가길 4
전화 02) 922-1192~3 | **팩스** 02) 928-4683 | **홈페이지** www.pjbook.com
이메일 pijbook@naver.com | **등록** 2014년 8월 22일 제305-2014-000028호

ISBN 979-11-5848-000-4 (93700)

* 책값은 뒤표지에 있습니다.

안확의
국어 연구

정승철 · 최형용

(주)박이정

머리말

자산(自山) 안확(安廓)(1886~1946)은 독립운동가이자 국문학자로 널리 알려져 있지만 국학자로 부르는 만큼 국어학자로서도 적지 않은 업적을 남겼다. 국어학 분야의 업적 가운데 1922년에 나온 「조선어원론」과 1923년에 나온 『수정 조선문법』은 1986년에 탑출판사에서 엮은 『역대한국문법대계』의 ①25, ①26로서 세상에 널리 알려진 바 있다. 그런데 당시에는 1917년에 출판된 초판본 『조선문법』에 대해서는 그 존재를 알고는 있었지만 이를 확보하지 못하였다. 그러다가 2012년에 이르러 이화여대에 소장되어 있던 1917년 초판본 『조선문법』이 세상에 모습을 드러내게 되었고 그에 대한 연구 성과도 잇따라 나오게 되었다.

안확의 1917년 초판본 『조선문법』의 실체가 확인된 후 초판본의 국한 혼용, 세로쓰기 체재를, 모두 한글로 바꾸되 가로쓰기로 전환하여 박이정출판사에서 올해 1월 『역대한국문법대계(Ⅱ)』에 ①175로 출간하였다. 결과적으로 안확의 초판본 『조선문법』과 『수정 조선문법』은 원래 출판 연대와 달리 연속성을 잃은 채 분권으로 출간되기에 이르른 것이다.

이러한 저간의 사정은 2012년에 발견된 초판본 『조선문법』과 『수정 조선문법』을 묶고 특히 초판본 『조선문법』을 대상으로 연구한 업적들을 한자리에 모을 필요성을 제기하였다. 이러한 작업은 『수정 조선문법』과 분량과 내용면에서 적지 않은 차이를 가지고 있는 초판본 『조선문법』을 널리 알릴 수 있는 계기가 될 뿐만 아니라 앞으로의 연구 진작을 위해서도 의미 있는 작업이라고 판단하였다.

따라서 이 책은 1부 자료편과 2부 연구편으로 나누되 자료편은 초판본 『조선문법』과 『수정 조선문법』으로 구성하고, 연구편은 초판본 『조선문법』을 대상으로 연구한 논문 세 편을 싣는 것으로 하였다. 책으로 엮으면서 통일성을 기하기 위해 원래 논문과는 미세한 차이가 발생했는데 이에 대해서는 다음에 세 편 논문의 자세한 서지사항을 책에 실린 순서대로 밝혀 독자들의 양해를 구하고자 한다.

- 정승철(2012), 「안확의 『朝鮮文法』(1917)에 대하여」, 『한국문화』 58, 179~195.
- 최형용(2014), 「안확(安廓)과 수사(數詞)- 초판본 『조선문법(朝鮮文法)』(1917)을 중심으로-」, 『한중인문학연구』 44, 231~254.
- 정승철(2014), 「자산 안확의 생애와 국어 연구」, 『한국 근대 초기의 어문학자』(송철의 외), 태학사, 85~126.

『수정 조선문법』은 원본을 그대로 영인한 것이라 세로쓰기 체재에 오른쪽에서 왼쪽으로 읽어야 한다는 점에서 현대인에게는 다소 불편한 점이 있을 수 있지만 띄어쓰기나 책의 구성 등 출간된 당시의 모습을 그대로 볼 수 있다는 장점이 있다. 한편 초판본 『조선문법』은 새로 입력한 것이라 원본의 모습을 그대로 볼 수 없다는 점은 아쉽지만 세로쓰기를 가로쓰기로 바꾸고 띄어쓰기도 가급적 현대의 것으로 바꾸었을 뿐만 아니라 한자를 모두 괄호 안에 넣는 등 현대인이 읽기에는 편하다는 장점이 있다. 다만 최대한 초판본의 내용을 그대로 제시한다는 원칙을 지키는 과정에서 가로쓰기를 통해 수정되어야 할 부분이나 원래 초판본의 잘못 등은 이를 그대로 두고 각주를 통해 그 내용을 밝혀 두었다.

이러한 측면에서 구성상의 이질성을 최대한 통일감 있게 정리하고 불편한 작업들을 감내해 준 박이정출판사의 김지은 팀장님과, 상업성보다는 자료로서의 가치에 중점을 두고 출판을 추진해 준 김려생 부장님, 박찬익 사장님께 이 자리를 빌려 마음으로부터 우러나오는 감사의 마음을 전하고자 한다.

2015년 6월 20일
최형용 삼가 적음

차 례

제1부

자료편

초판 조선문법

자산(自山) 안확(安廓) 저(著)

조선문법(朝鮮文法) 전(全)

경성(京城) 유일서관(唯一書館) 장판(藏版)

저술요지(著述要旨)

일(一). 범(凡) 문법(文法)의 종류(種類)는 여러 가지나 본서(本書)는 특(特)히 서술적(敍述的) 실용적(實用的)(Descriptive. Practical.)의 체(体)로 편찬(編纂)함

일(一). 본서(本書)는 평이(平易)함을 주장(主張)하고 이론(理論)에 유(流)함을 피(避)하야 학자(學者)로 하야곰 조선어(朝鮮語) 문법(文法)의 일반(一般)지식(智識)을 이회(理會)케 함

일(一). 문법(文法)은 법률(法律)편찬(編纂)과 가티 규칙(規則)을 제정(制定)함이 안이오 자연적(自然的)으로 발달(發達)된 법칙(法則)을 정밀(精密)히 조사(調査)하야 표준(標準)을 입(立)함이 목적(目的)이라 고(故)로 본서(本書)의 표준(標準)한 바는 경성(京城)언(言)의 발음(發音)을 의(依)하야 아언(雅言)으로써 기(其) 법칙(法則)을 술(述)하고 특(特)히 신례(新例)는 언(言)치 안 하며 쏘한 언어(言語) 변천(變遷)의 대지(大旨)도 설(說)치 안 함

일(一). 외래어(外來語)을 방축(放逐)한다 고어(古語)을 사용(使用)한다 함은 모다 문법상(文法上) 사실상(事實上) 위반(違反)되는 일이라 차(此)는 물론(勿論) 불가(不可)하건이와 문자(文字)사용(使用)함에 대(對)하야도 고금(古今)이 부동(不同)하니 시이(是以)로 본서(本書)를 저(著)함에 취(就)하야 현대(現代) 사용(使用)하는 언(諺) 한문(漢文) 혼용법(混用法)을 이(以)하노라

조선(朝鮮)문법(文法)에 대(對)하야 순(純)언문(諺文)을 쓰지 안코 한자(漢字)를 혼용(混用)함이 부당(不當)한 듯하나 본래(本來) 조선(朝鮮) 문학(文學)의 형식(形式)이 귀족적(貴族的) 평민적(平民的) 즉(卽) 순(純)한문(漢文) 순(純)언문(諺文) 양종(兩種)으로 분립(分立)하얏다가 현금(現今)에 지(至)하야는 차(此) 계급(階級)을 타파(打破)

하고 혼용(混用)으로써 보통(普通) 문체(文体)를 작(作)한지라 고(故)로 본
서(本書)의 체(体)도 차(此)를 채용(採用)치 안이키 불가(不可)하야 여시
(如是) 혼용(混用)하노라

저자(著者)　　선(宣)

목록(目錄)

조선문법(朝鮮文法)

자산(自山) 안확(安廓) 저(著)

제(第) 일(一)편(編) 총론(總論)

제(第) 일(一)장(章) 문법(文法)의 정의(定義)

언어(言語)는 오인(吾人)의 사상(思想)을 교환(交換)하는 매개(媒介)라 차(此)에 대(對)하야 약속(約束)이 유(有)하니 기(其) 약속(約束)은 본래(本來) 인민(人民)간(間)에서 무의식적(無意識的)으로 조직(組織)된 자(者)오 법률(法律)규칙(規則)과 여(如)히 의식적(意識的)으로 작성(作成)한 것은 안이니라 문법(文法)은 즉(卽) 차(此) 무의식적(無意識的)으로 성립(成立)된 약속(約束)을 정(定)하야 언어상(言語上)에 유(有)한 사실(事實)노써 기(其) 질서(秩序)와 유별(類別)을 기술(記述)한 바 기(其) 법칙(法則)을 학(學)하는 자(者)이니라

제(第) 이(二)장(章)

조선어(朝鮮語)의 지위(地位)

세계(世界) 인류(人類)는 본래(本來) 각기(各其) 구역(區域)을 지어 생활(生活)한 고(故)로 그 언어(言語)도 각(各)々 부동(不同)하니 세계(世界) 방언(方言)으로 말하면 삼천(三千) 사백(四百)여종(餘種)이 되나

국어(國語)로 말하면 이백(二百)종(種)이 되나니라 이 여러 가지 언어(言語)를 다시 계통적(系統的)으로 분류(分類)하면 칠대(七大) 어족(語族)이니 일(一)은 생쓰크리트어족(語族) 이(二)는 유랄알타익어족(語族) 삼(三)은 지나(支那)어족(語族) 사(四)는 남양(南洋)어족(語族) 오(五)는 남인도(南印度)어족(語族) 육(六)은 아라비아(亞羅比亞)어족(語族) 칠(七)은 애급(埃及)어족(語族) 등(等)이니라

조선어(朝鮮語)는 복음어(複音語)로 유랄알타익어족(語族)에 속(屬)한 말이니 차(此) 어족(語族)간(間)에 조어(朝語)가 만히 분포(分布)하야 석기어 잇나니라

제(第) 삼(三)장(章) 언문(諺文)

문자(文字)는 인(人)의 사상(思想)을 간접(間接)으로 발표(發表)하는 기관(機關)이오 언어(言語)를 대표(代表)하는 기구(器具)라 세계(世界) 각국(各國)에서 사용(使用)하는 문자(文字)가 통합(通合)하야 이백(二百)여종(餘種)이 되나 차(此)를 학리(學理)상(上)으로 구별(區別)하면 이종(二種)이니 일(一)은 의부문(意符文) 이(二)는 음부문(音符文)이라 음부문(音符文)은 성음(聲音)을 기록(記錄)하는 문자(文字)니

조선문(朝鮮文) 서양문(西洋文) 등(等)이오 의부문(意符文)은 의의(意義)를 기록(記錄)하는 문자(文字)니 한문(漢文) 애급문(埃及文) 등(等)이니라

조선(朝鮮)은 중고(中古)에 지(至)하야 설총(薛聰)씨(氏)가 저(著)한 이두문(吏讀文) ㅈㅁㄷ 등(等) 이백(二百)자(字)를 한문(漢文)과 혼용(混用)하더니 이세종(李世宗)이 훈민정음(訓民正音)을 제정(制定)하야 사용(使用)케 하얏나니 즉금(卽今) 왈(曰) 언문(諺文)

　ㅏ ㅑ ㅓ ㅕ ㅗ ㅛ ㅜ ㅠ ― ㅣ ㄱ ㄴ
　ㄷ ㄹ ㅁ ㅂ ㅅ ㅇ ㅈ ㅊ ㅋ ㅌ ㅍ ㅎ

등(等) 이십(二十)사자(四字)라 초(初)에는 · ㆆ ㅇ △ 사자(四字)를 가행(加行)하다가 금일(今日)에는 어음(語音)에 관계(關係)가 무(無)하기로 폐지(廢止)하니라 우(右)[1] 이십(二十)사자(四字) 중(中)에 ㅏ ㅑ ㅓ ㅕ ㅗ ㅛ ㅜ ㅠ ― ㅣ 등(等) 십자(十字)는 모음(母音)자(字)라 하고 ㄱ ㄴ ㄷ ㄹ ㅁ ㅂ ㅅ ㅇ ㅈ ㅊ ㅋ ㅌ ㅍ ㅎ 등(等) 십사자(十四字)는 부음자(父音字)라 하니 차(此)로써 음(音)을 철(綴)함에는 ㅏ ㅑ ㅓ ㅕ ㅣ 오자(五字)는 부음자(父音字) 우(右)에 합(合)하고 ㅗ ㅛ ㅜ

---

1) '우(右)'는 가로쓰기에서는 '상(上)'의 의미이다.

ㅠ 一 오자(五字)는 부음자(父音字) 하(下)에 합(合)하야 일자(一字)체(体)를 성(成)하고 바침이 잇스면 자(字) 하(下)에 합(合)하며 우(又) 동자(同字)를 연서(連書)함에는 (々) 차(此)표(表)를 용(用)하니 왈(曰) 잣직이라 하나니라 우(又) 아(我) 언문(諺文)은 노마자(老馬字)와 가티 동위적(同位的) 문자(文字)가 안이오 몽고(蒙古)바리 등(等) 문자(文字)와 가티 종속적(從屬的) 문자(文字)라 고(故)로 모음(母音)을 독용(獨用)치 안 하고 부모음(父母音)을 필합(必合)하여야 정음(正音)을 기(記)하나니라 연즉(然則) 이십(二十)사자(四字)는 완전음자(完全音字)가 안이오 모든 완전음(完全音)을 조직(組織)하는 자(字)라 고(故)로 차(此) 이십(二十)사자(四字)를 자모(字母)라 하나니라

제(第) 사(四)장(章) 성음(聲音)

언어(言語)의 형태(形態)는 성음(聲音)이라 이 성음(聲音)이 발생(發生)하는 기관(機關)은 곳 폐장(肺腸)과 성대(聲帶)와 구강(口腔)과 기운(氣運)의 사부(四部)니 음성(音聲)은 폐(肺)로 브터 나오는 기운(氣運)이 성대(聲帶) 진동(振動) 우(又)는 구강(口腔)의 여러 군데를 촉(觸)하야 생(生)하는지라 그 발생(發生)하는 부분(部分)을 짜라 이(二)의 분별(分別)이 잇스니 일(一)은 부음(父音) 이(二)

는 모음(母音)이라 하나니라

(일(一)) 부음(父音)이라 하는 것은 폐(肺)로브터 나오는 기운(氣運)이 설(舌)과 순(脣)과 치(齒) 등(等)을 진동(振動)하야 나는 음(音)이니

ㄱ ㄴ ㄷ ㄹ ㅁ ㅂ ㅅ ㅇ ㅈ ㅊ ㅋ ㅌ ㅍ ㅎ 등(等) 십사음(十四音)

차(此)를 다시 간단(簡單)하게 분류(分類)하면

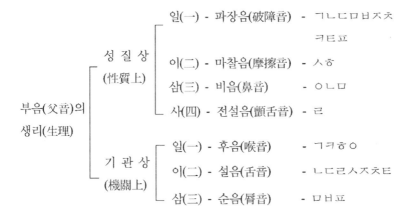

차(此) 분류(分類) 중(中)에셔 특별(特別)한 자(者)를 다시 말하면

(1) 겸음(兼音) ㅅㄹㅇ 삼(三)음(音)은 일(一)음(音)이 이(二)음(音) 식(式)을 겸(兼)하얏나니 ㅅ

은 마찰(摩擦)인데 바침이 될 시(時)는 파장음(破障音)이 되고 ㄹ은 전설음(顚舌音)인데 바침이 될 시(時)는 측음(側音)이 되고 ㅇ은 비음(鼻音)인데 바침이 될 째만 비음(鼻音)이 되고 타(他)에 재(在)하야는 성대음(聲帶音)이 되나니라

(2) 탁음(濁音) ㅋㅌㅍㅊ 사(四)음(音)은 기(其) 발음(發音)의 구조(構造)가 유기(有氣)로 진동(振動)하야 중탁(重濁)히 발(發)하는 고(故)로 왈(曰) 탁음(濁音)이라 하나니라

(3) 격음(激音)은 ㅺ ㅼ ㅽ ㅆ ㅾ 오음(五音)이라 차(此)는 진동체(振動体)가 단촉(短促)하고 진동력(振動力)이 격렬(激烈)하야써 발(發)하는 고(故)로 왈(曰) 격음(激音)이라 하나니 ㅅ은 즉(卽) 음리(音理)를 의(依)하야 합(合)함이 안이오 격음(激音)을 표(表)하기 위(爲)함이니 고(故)로 차(此)를 된시옷 우(又)는 된바침이라 하나니라

(주(註)) 혹(或)이 차(此) 격음(激音)을 동일(同一)한 양음(兩音)이 일시(一時)에 병발(幷發)하는 것 즉(卽) 중부음(重父音)이라 하며 우(又) 혹(或)은 본음(本音)의 둘 만큼 단々하게 발(發)한다 하니 그러면 본음(本音)이 강대(强大)할 쓴이고 단격(短激)의 성(聲)이 안이니라ㅇ쏘 혹(或)은 훈민정음(訓民正音)에 초성합용즉병서(初聲合用卽幷書)라 함을 증(証)하야 ㄲㄸㅃㅆㅉ로 서(書)함이 가(可)하다 하는지라 이는 당시(當時) 서법(書法)을

고(考)하면 특(特)히 동일(同一)한 초성(初聲)을 합용(合用) 즉 병서(并書)라 함이 안이라 무슨 초성(初聲)이던지 합용(合用)하는 경우(境遇)에는 연서(連書)치 말고 병서(并書)라 한 것이니 고(故)로 어천가(御天歌)에 (쩨)이러케 쓴 자(字)가 유(有)하나니라 요(要)컨대 并書如某字初發聲의 의(意)로써 증(証)할 슈 잇스나 하여간(何如間)이는 다 고법(古法)에 불과(不過)하니라

　(이(二)) 모음(母音)이라 하는 것은 폐(肺)로브터 나오는 기운(氣運)이 성대(聲帶)만 진동(振動)하고 하등(何等) 지장(支障)이 업시 발(發)하되 오직 성대(聲帶)와 설악(舌顎)의 운동(運動)으로 구강(口腔)의 형(形)을 변화(變化)하야 각(各) 음(音)을 구조(構造)하나니

　ㅏ ㅑ ㅓ ㅕ ㅗ ㅛ ㅜ ㅠ ㅡ ㅣ 등(等) 십음(十音)

　차(此) 외(外)에 이개(二個) 이상(以上)의 모음자(母音字)를 합(合)하야 기(記)한 것이 유(有)하니

　ㅚ ㅢ ㅐ ㅒ ㅘ ㅙ ㅟ ㅔ ㅖ ㅞ ㅝ 등(等) 십일음(十一音)

　우(右)[2] 이십일(二十一)음(音)은 개(個)々히 구별(區別)키 미황(未遑)하나 대개(大槪)로 분언(分言)하면

원모음(元母音)　　　　　　ㅏ ㅓ ㅗ ㅜ ㅡ ㅣ
구개화모음(口蓋化母音)　　ㅑ ㅕ ㅛ ㅠ ㅐ ㅖ ㅢ ㅐ ㅒ

---

2) '우'는 가로쓰기에서는 '위'의 의미이다.

순화모음(脣化母音)　　　　　ㅏ ㅐ ㄱ ㅔ ㄱ ㅓ ㄴ

(주(註)) 혹(或)이 구개화모음(口蓋化母音)과 순화모음(脣化母音)을 이개(二個) 모음(母音) 이상(以上)이 겸발(兼發)하는 중모음(重母音)이라 하는지라 차(此)는 물리적(物理的) 변화(變化)와 문자(文字)의 형용(形容)을 찰(察)하면 혹(或) 가(可)하다 할지나 음(音)의 개성적(個性的) 생리(生理)를 논(論)하면 불가(不可)하고 단(但) 문자(文字)에 대(對)하야만 중모음(重母音)자(字)라 함이 가(可)하니라

이상(以上)에 언(言)한 바는 다 음원(音源)을 술(述)함이어니와 정음(正音)에 대(對)하야는 모부(母父) 양음(兩音)이 상합(相合)하여야 완전(完全)한 어음(語音)을 성(成)하나니 기(其) 완전음(完全音)을 논(論)할진대 단(但) 부모(父母) 양음(兩音)만 합(合)하야 될 싼 안이라 부음(父音)이 쏘 다시 합(合)함이 유(有)하니 차(此)를 왈(曰) 바침이라 하는지라 차(此) 바침은 사종(四種)으로 단(單)바침 쌍(雙)바침 은(隱)바침 대(代)바침이 유(有)하니라

단(單)바침　　　일개(一個) 부음(父音)으로 된 자(者)
　　　　　　　　각, 농, 안, 풀
쌍(雙)바침　　　이개(二個) 부음(父音)으로 된 자(者)

넋, 밟, 젊

은(隱)바침 아행(行)의 간음(間音) 우(又) 토(吐)와 합(合)할 시(時)에는 현출(顯出)하야 전합(轉合)하다가 타음(他音)과 합(合)할 시(時)는 은(隱)하는 자(者)이니 차(此)는 ㄷㅈㅊㅌㅍㅎ 육음(六音)이니라

마저(ㅈ)   마즈면 ┐
미더(ㄷ)   미드면 │
쏘차(ㅊ)   쏘츠면 │ 어으 이간음(二間音)이 은음(隱音)과 전합(轉合)
가티(ㅌ)   가트면 │
싸하(ㅎ)   싸흐면 │
아페(ㅍ)   아프로 ┘

대(代)바침 은(隱)바침이 타음(他音)과 합(合)하여 은(隱)하는 동시(同時)에 타(他) 바침이 본(本) 은음(隱音)을 대신(代身)하야 택표(擇表)하나니 ㄷㅈㅊㅌㅎ 오음(五音)은 ㅅ으

로 대(代)하고 ㅍ는 ㅂ으로 대(代)하나니라

맛다
밋다
쏫다
갓다
쌋다 …… (타 음(音)은 ㅎ의 은음(隱音)이 유(有)함으로 탁음(濁音)이 됨
압섯다

차(此) 은(隱)바침과 대(代)바침은 문자(文字) 철법(綴法)에만 그러하고
본(本) 어원(語原)으로 말하면 은(隱)바침이 본근(本根)이라 차(此) 외(外)
쌍(雙)바침도 은(隱)함이 유(有)하니라

제(第) 오(五.)장(章) 연음(連音)의 변화(變化)

발음(發音)의 기관(機關)이 연속(連續)한 작용(作用)으로 타종(他種)음
(音)을 연생(連生)하는 시(時)에는

음역(音域)의 이전(移轉)을 싸라 변화(變化)가 생(生)하는지라 고(故)로 중음(衆音)이 셔로 연접(連接)할 시(時)에는 기(其) 발음(發音)의 간편(簡便)함을 종(從)하야 어음(語音)이 셔로 전변(轉變)함이 잇나니라

　(일(一)) 부음(父音)의 변태(變態)

　(가) 구개화모음(口蓋化母音) ㅑㅕㅛㅠ 사음(四音)이 ㄷㅌ 이음(二音)과 합(合)홀 시(時)에는 ㅈㅊ으로 변(變)함

　　　댜뎌됴듀 ………… 자저조주
　　　탸텨툐튜 ………… 차처초추

　(나) ㄱㄷㅂㅈ 사음(四音)이 유기(有氣)하면 탁음(濁音)이 되는 고(故)로 이 사음(四音)이 ㅎ음(音)을 합(合)할 시(時)는 변축(變縮)하야 탁음(濁音)으로 변(變)함

　　　졍하고 …………… 졍코
　　　졍하다 …………… 졍타

십호 ····················· 시포
청하지 ················ 청치

(이(二)) 모음(母音)의 변태(變態)

(가) 원모음(元母音)이 아행(行)음(音)을 합(合)할 시(時)에는 화음(化音)으로 변축(變縮)함

고이치안타 ········· 챤라
치어라 ··············· 쳐라
가시오 ··············· 쇼
사이 ··················· 새
버이다 ··············· 베
보아라 ··············· 봐
수이다 ··············· 쉬

(나) 화음성(化音性)이 무(無)훈 음(音)이라도 동화적(同化的)으로 변(變)함이 유(有)하니

크엇다 ················ 컷다

나의것 ··············· 내것

너의것 ··············· 네것

누의것 ··············· 뉘것

소의쏠 ··············· 쇠쏠

나를 ···················· 날

(이(二)) 바침의 변태(變態)

(가) ㄱㅂㅅ 삼(三) 바침이 비음(鼻音) ㄴㅁ과 전설음(顚舌音) ㄹ을 접(接)하면 비음(鼻音)으로 동화(同化)함

호박나무 ············ 방

백마 ···················· 뱅

톱날 ···················· 톰

십만 ·················· 심
잇노라 ················ 인
못물 ·················· 몬
백로 ·················· 뱅
법률 ·················· 법

⎤ ㄹ은 부동화(不同化) 작용(作用)으로
⎦ ㄴ이 됨

　(나) ㄴ 바침이 ㄹ 음(音)을 접(接)하면 부동화(不同化) 작용(作用)으로 상환(相換)함

관리 ················ 괄니
인력거 ·············· 일녁거

　대개(大盖) 연음(連音)의 변화(變化)는 동화적(同化的) 공명적(共鳴的)으로 상관(相關)되야 생리상(生理上) 우(又)는 물리상(物理上)의 관계(關係)로 변화(變化)하나니라

제(第) 이(二)편(編) 원사론(元詞論)

제(第) 일(一)장(章) 원사(元詞)총론(總論)

　조선어(朝鮮語)는 현대(現代) 행용(行用)하는 총수(總數)가 칠만(七万)
에 달(達)하는지라 여사(如斯)히 언어(言語) 수(數)가 천태만상(千態万狀)
이나 기(其) 성질(性質)의 근사(近似)한 유(類)를 싸라 대별(大別)하면

　　　명사(名詞)
　　　대명사(代名詞)
　　　수사(數詞)
　　　동사(動詞)
　　　조동사(助動詞)
　　　형용사(形容詞)

부사(副詞)

후사(後詞)

접속사(接續詞)

감동사(感動詞)

등(等) 십종(十種)이라 차(此)를 왈(曰) 원사(元詞)라 하나니 오인(吾人)의 만반(万般) 사상(思想)을 차(此) 십(十) 원사(元詞)로써 발표(發表)하나니라

제(第) 이(二)장(章) 명사(名詞)

제(第) 일(一)절(節) 명사(名詞)의 종류(種類)

명사(名詞)라 하는 것은 사물(事物)의 유형무형(有形無形)을 물론(勿論)ᄒ고 기(其) 명칭(名稱)을 위(謂)하는 말이니 기(其) 유(類)가 팔(八)이니라

(일(一)) 보통명사(普通名詞)는 여러 경우(境遇)에 통용(通用)하는 말이니

사람, 나라, 물 등(等)과 가튼 자(者)

(이(二)) 특별명사(特別名詞)는 일정(一定)한 사물(事物)에 독용(獨用)하는 말이니

온달, 조선, 금강산 등(等)과 가튼 자(者)

(삼(三)) 집합명사(集合名詞)는 여러 보통명사(普通名詞)의 동종류(同種類)를 합(合)하야 된 말이니

군대, 백성, 수풀 등(等)과 가튼 자(者)

(사(四)) 유형명사(有形名詞)는 목(目)으로 견(見)하기 가(可)한 사물(事物)의 명사(名詞)니

책, 붓, 달 등(等)과 가튼 자(者)

(오(五)) 무형명사(無形名詞)는 목(目)으로 견(見)치 못하는 사물(事物)의 명사(名詞)니

마음, 걱정, 재조 등(等)과 가튼 자(者)

(육(六)) 추상명사(抽象名詞)는 무형(無形)의 말 중(中)에 특별(特別)한 성질(性質)을 추(抽)한 명사(名詞)니

도, 덕, 사랑 등(等)과 가튼 자(者)

(칠(七)) 복합명사(複合名詞)는 두 마대 말이 합(合)하야 된 명사(名詞)니 쏘한 팔종(八種)이 유(有)함

재재명사(再々名詞)	사람々々,	집々,	일々
유합명사(類合名詞)	인민,	연고,	규칙
대합(對合)명사	쥬야,	형데,	부모
지주명사(指主名詞)	눈물,	눈셥,	잇몸
합형명사(合形名詞)	뒷문,	과부,	창살
동의합명사(動意合名詞)	밥그릇,	화산,	한란계
합동명사(合動名詞))	열쇠,	학도,	지남셕
무자주명사(無自主名詞)(님)	형님,	손님,	아우님
(직이)	문직이,	산직이,	고직이
(아지)	모가지,	박아지	
(슐)	산슐,	요슐,	잡슐

(팔(八)) 변체명사(變体名詞)는 동사(動詞)와 형용사(形容詞)로셔 변(變)하야 명사(名詞)된 것이니

차(此)는 기(其) 어원(語原)에 (ㅁ) 바침이나 (기)의 간음(間音)으로 됨

감,	가기
옴,	오기
큼,	크기
좁음,	좁기

이상(以上) 팔종(八種) 명사(名詞)는 전부(全部) 총(總) 명사(名詞)를 분석(分析)하야 각(各) 기(其) 성질(性質)과 형태(形態)를 싸라 분별(分別)한 자(者)이니라

제(第) 이(二)절(節) 명사(名詞)의 음양(陰陽)

명사(名詞)의 음양(陰陽)을 구별(區別)함에는 보통(普通)과 특별(特別)이 유(有)한데 인류(人類)와 물(物)이 쏘한 각이(各異)하니

인류(人類)
보통(普通) — 음(陰) - 계집, 계집아해, 계집사람
양(陽) - 사내 사내아해, 사내사람
특별(特別) — 음(陰) - 어머니, 쌀, 마누라
양(陽) - 아버지, 아들, 영감

동물(動物) [
보 통 (普通) [음(陰) - 암,   암소,   암닭
양(陽) - 슈,   슈소,   슈닭
특 별 (特別) [음(陰) - 갈범,   파마,   싸투리
양(陽) - 칙범,   상마,   쟝끠

이와 가티 그 분별(分別)이 수다(數多)한 중(中)에 특명(特名)이 유(有)하기도 하고 무(無)하기도 하나 매양(每樣) 업는 경우(境遇)에는 수, 암, 사내, 계집 등(等) 사어(四語)로써 응용(應用)하나라

제(第) 삼(三)절(節) 지유명사(指幼名詞)

지유명사(指幼名詞)는 인(人) 급(及) 동물(動物)의 유해(幼孩)한 자(者)를 지명(地名)하는 것이니 차(此)는 삼종(三種)이 유(有)하야 명사(名詞)의 상(上)이나 하(下)에 색기 이자(二字)를 합(合)함과 명사(名詞) 말(末)에 아지를 합함과 우(又)는 특립(特立)의 본명(本名)도 유(有)하니라

(일(一))말색기,   쥐색기,   새색기,   색기소
(이(二))소아지,   개아지,   마아지,   삵아지
(삼(三))애기,   병아리,   생쥐,   송사리

악쥬기,　　　　　방계

그런데 아지 이자(二字)를 합(合)하는 동시(同時)에 간혹(間或) 본명사(本名詞)의 어미(語尾)를 변(變)하야 <u>송아지</u>, <u>망아지</u>, <u>강아지</u>라 함도 유(有)하니라

제(第) 사(四)절(節) 명사(名詞)의 수량(數量)

범백(凡百) 사물(事物)에 대(對)하야 기(其) 수(數)를 헤아려 일개(一介) 뜻을 부르면 단수(單數)라 하고 일개(一介) 이상(以上)의 여러 뜻을 부르면 복수(複數)라 하나니 차(此)를 왈(曰) 명사(名詞)의 수량(數量)이라 하는지라 차(此)의 법칙(法則)을 말할진대

(일(一)) 명사(名詞) 하(下)에 (들)자(字)를 합(合)하야 됨

사람들,　　　　　말들,　　　별들

(이(二)) 들자(字)를 제(除)하기도 하고 복수적(複數的) 형용사(形容詞)만 가(加)하기도 하나니

산에 꽃이 퓐다
나무가 산다

여러사람이 잇다

모든 집이 탄다

(삼(三)) 단수(單數)가 복수(複數)로 될 째는 집합명사(集合名詞)가 됨도 유(有)함

병뎡 - 군대

사람 - 백셩

명사(名詞)의 수량(數量)의 법칙(法則)이 대개(大槪) 여차(如此)하야 복수어(複數語)를 합(合)하기도 하며 불합(不合)하기도 하나 원(原)〻한 문법(文法)으로 말하면 (들)의 후사(後詞)를 부(付)함이 통례(通例)니라

제(第) 오(五)절(節) 명사(名詞)의 위격(位格)

명사(名詞)는 토(吐)를 싸라 기(其) 지위(地位)와 자격(資格)을 변(變)하나니 고(故)로 동일(同一)한 명사(名詞)가 다른 말에 대(對)하야 여러 뜻으로 변(變)하매 예여(例如)(사람이 사람을 사랑한다)라 하면 상(上)의 사람과 하(下)의 사람이 각(各) 기(其) 토(吐)가 다

름으로 동일(同一)한 명사(名詞)가 기(其) 위격(位格)을 변(變)하는지라 이
위격(位格) 변화(變化)는 팔종(八種)이니 그 토(吐)는 본사(本詞)의 바침
유무(有無)와 존칭(尊稱) 평칭(平稱)과 동물(動物) 부동물(不動物) 등(等)을
따라 각(各) 부동(不同)하니라

| | 인류(人類) | | | | | 비인류(非人類) | | | | | |
| | 존칭(尊稱) | | 평칭(平稱) | | | 동물(動物) | | | 부동물(不動物) | | |
	선생	부모	사람	아들	학도	범	말	소	산	돌	바다
주격(主格)	이, 게서	동(同)	이	동(同)	가	이	동(同)	가	이	동(同)	가
객격(客格)	을	를	을	을	를	을	동(同)	를	을	동(同)	를
목적격(目的格)	의	동(同)	동(同)	동(同)	동(同)	동(同	동(同)	동(同)	동(同)	동(同)	동(同)
변격(辨格)	은	는	은	은	는	은	동(同)	는	은	동(同)	는
여격(與格)	에게, 게	동(同)	에게	동(同)	에게, 게	에, 에게, 게	동(同)	동(同)	에	동(同)	동(同)
종격(從格)	으로	로	으로	노	로	으로	노	로	으로	노	로
연격(連格)	에게서	동(同)	동(同)	동(同)	동(同)	동(同)	동(同)	동(同)	에서	동(同)	동(同)
호격(呼格)	이여, 님	여, 님	아	동(同)	야	아	동(同)	야	아	동(同)	야
바침별(別)	바침이 유(有)	바침이 무(無)	ㄹ를 제(除)한 모든 바침	ㄹ바침	바침이 무(無)	ㄹ를 제(除)한 모든 바침	ㄹ바침	바침이 무(無)	ㄹ를 제(除)한 모든 바침	ㄹ바침	바침이 무(無)

이상(以上)과 여(如)히 명사(名詞)의 어미(語尾)가 변(變)하는데 (일(一))
주격(主格)은 주장(主張)되는 것 (이(二)) 객격(客格)은 주격(主格)의 객관
(客觀)되는 말이니 간혹(間或) 을 토(吐)를 부(付)치 안함 (삼(三)) 목적격
(目的格)은 부속(附屬)되는 쯧 (사(四)) 변격(辨格)은 사(事)를 분결(分決)
하는 쯧 (오(五)) 여격(與格)은 인류(人類) 급(及) 동물(動物)에는 수수(授
受)의 의(意)오 부동물(不動物)에는 경우(境遇)와 시(時)를 지(指)함 (육
(六)) 종격(從格)은 타어(他語)에 부종(付從)하는 쯧인데 형용사(形容詞)
쯧도 됨 (칠(七)) 연격(連格)은 연락(連絡)과 정(定)함의 이의(二意) (팔
(八)) 호격(呼格)은 지(知)하게 함과 인도(引導)함과 감탄(感歎)의 삼의(三
意)니라

　　우(右)3) 팔종(八種)의 토(吐)는 정칙(正則)으로 부(付)하야 변(變)함이
무(無)한데 기중(其中) 주격(主格)에 지(至)하야는 불규칙(不規則)이 유(有)
하니 바침 없는 말이 <u>의, 이가</u> 토(吐)를 부(付)함이 유(有)한지라

　　　　이 - 자(者)이, 나라이, 할 바이
　　　　이가 - 뉘가, 네가, 내가

---

3) '우'는 가로쓰기에서는 '위'의 의미이다.

그런데 차등(此等) 위격(位格)의 토(吐)는 대명사(代名詞) 수사(數詞)에게도 부(付)하야 기(其) 격(格)을 정(定)하나니라

제(第) 육(六)절(節) 명사(名詞)의 작법(作法)

명사(名詞)의 수효(數爻)는 사상(思想)의 변천(變遷)과 문명(文明)의 발달(發達)을 짜라 증가(增加)하나니 그 명사(名詞)의 증가(增加)하는 바 작성법(作成法)은 이례(二例)가 유(有)하니라

(일(一)) 동명사(動名詞) 시(是)는 동사(動詞)나 형용사(形容詞) 어원(語原)에 무의토(無意吐)를 합(合)하야 작(作)할 새 기(其) 종(種)이 다(多)하나 대개(大槪)는 (개, 애, 게, 이) 사토(四吐)로 되나니라

개,	베다-베개,	덥다-덥개,	찌다-찌개
애,	날다-날애,	막다-막애,	부치다-부채
게,	집다-집게,	지다-지게,	무겁다-무게
이,	길다-길이,	잡다-잡이,	크다-키

차(此) 외(外)에 동사(動詞) 어원(語原) 그대로 이용(利用)함도 유(有)하니 신다-신, 틀다

-틀, 되다-되 등(等)이니라

(이(二)) 차명사(借名詞) 이는 외국어(外國語)를 그대로 수입(輸入)하야 동화어(同化語)로 작(作)하나니

고무, 구두, 선생(先生), 약(藥)

차(此) 외(外)에 외어(外語)와 본어(本語)를 합(合)하야 작성(作成)함도 유(有)하니

개천(川),	회(膾)갓,	변(邊)두리
수양(垂揚)버들,	실백(實栢)잣,	처가(妻家)집
글방(房),	술막(幕),	팟죽(粥)

이상(以上)과 여(如)히 명사(名詞)의 부족(不足)되는 말은 각(各) 방법 (方法)으로써 작성(作成)하야 사용(使用)하는대 항상(恒常) 언어(言語)의 변천(變遷)은 명사(名詞)의 변화(變化)로써 기(其) 선(先)이 되나니라

제(第) 이(二)장(章) 대명사(代名詞)

대명사(代名詞)라 하는 것은 사물(事物)의 본명(本名)을 대칭(代稱)하는 말이니 인대명사(人代名詞), 지시대명사(指示代名詞), 부정대명사(不定代名詞), 다류대명사(多類代名詞), 관계대명사(關係代名詞) 등(等) 오종(五種)이 잇나니라

(일(一)) 인대명사(人代名詞)는 인류(人類)의 명(名)을 대칭(代稱)하는 것

나 .... 자칭(自稱)
너 .... 대칭(對稱)
뎌이 .... 타칭(他稱)

그런데 쏘한 각인(各人)의 지위(地位)를 싸라 비칭(卑稱) 평칭(平稱) 존칭(尊稱) 위칭(位稱)의 사별(四別)이 유(有)

자네,	임쟈,	이녁,	그대	.... 평칭(平稱)
저,	생,	쇼인,	의신	.... 비칭(卑稱)
공,	당신,	씨,	마넴	.... 존칭(尊稱)

   대감,   셔생,   나리,   아버지 ·············· 위칭(位稱)

(이(二)) 지시대명사(指示代名詞)는 사물(事物) 처소(處所) 방향(方向) 등(等)의 명(名)을 대칭(代稱)하는 것

   이,   여
   그,   거
   뎌

(삼(三)) 부정대명사(不定代名詞)는 사물(事物) 처소(處所) 방향(方向) 등(等)의 정(定)치 안한 것을 대칭(代稱)하는 것이니 기(其) 용법(用法)이 동사(動詞)의 의문토(疑問吐)와 합(合)함도 유(有)한 고(故)로 혹(或) 왈(曰) 의문대명사(疑問代名詞)라 하는지라 그런데 명사(名詞)와 가티 독용(獨用)하는 것도 잇고 형용사(形容詞)와 가티 명사(名詞)를 합용(合用)하는 것도 유(有)함

   엇던,   한,   어느,   무슨,   뉘

우(右)[4])는 형용사(形容詞)와 통용(通用)

   누구,   아모,   멷,   무엇,   얼마

---

4) '우'는 가로쓰기에서는 '위'의 의미이다.

우(右)[5]는 독용(獨用) 우(又) 혹(或) 형용사(形容詞)와 통용(通用)하기
도 함

(사(四)) 다류대명사(多類代名詞)는 각(各) 종류(種類) 중(中)의 정(定)
치 안한 류(類)를 대칭(代稱)하는 것이라

    각,   여러,   모든,   매,   뭇,   온갖

우(右)[6]는 형용사(形容詞)와 통용(通用)

    모도,   죄,   다,   여럿,   셔로,   피차

우(右)[7]는 독용(獨用)

(오(五)) 관계대명사(關係代名詞)는 동사(動詞)의 여러 가지 분사(分詞)
를 합(合)하야 언어(言語) 사물(事物) 급(及) 능력(能力)의 기(其) 의의(意
義)를 대칭(代稱)하는 말이라

    바 ……… 할바,   하는바
    쟈 ……… 갈쟈,   가는쟈
    이 ……… 올이,   온이

---

5) '우'는 가로쓰기에서는 '위'의 의미이다.
6) '우'는 가로쓰기에서는 '위'의 의미이다.
7) '우'는 가로쓰기에서는 '위'의 의미이다.

데 ……… 간데,   갓든데
지 ……… 할지라,   하는지라

제(第) 사(四)장(章) 수사(數詞)

수사(數詞)라 하는 것은 각색(各色) 사물(事物)의 수효(數爻)를 헤는 말이니 이하(以下) 오종(五種)에 분(分)하야 설명(說明)홀이라

(일(一)) 기본수사(基本數詞)는 일반(一般) 사물(事物)의 다소(多少)를 측산(測筭)하는 말이니 보통(普通) 수(數)만 지(指)할 시(時)는 명사(名詞)와 가티 독용(獨用)하고 일(一) 물건(物件)을 지정(指定)하야 수(數)할 시(時)는 형용사(形容詞)와 여(如)히 합용(合用)하나니라

명적(名的) 수사(數詞)

하나,	둘,	셋,	넷,	다섯,	여섯,	닐곱,
여덟,	아홉,	열,	스믈,	설흔,	마흔,	쉰,
예순,	닐흔,	여든,	아흔,	백,	천,	만,

억

형용적(形容的) 수사(數詞)

　한, 두, 세(석), 네(녁), 닷(다섯), 엿(여섯) 이하(以下)는
명적(名的) 수사(數詞)와 동(同)함
　만일(万一) 본수사(本數詞)의 현수(現數)가 불명(不明)할 시(時)는 이수
(二數)를 병창(并唱)하나니

　　한두, 두세, 세네(서너), 너덧, 예닐곱, 닐여덟,
　　엿아홉 등(等)과 여(如)한 자(者)

　차(此) 외(外)에 기본수(基本數)를 한자(漢字)로 용(用)함도 유(有)하니

　　一(일), 二(이), 三(삼), 四(사), 五(오), 六(륙), 七(칠), 八(팔), 九
　　(구), 十(십), 二十(이십)
　　三十(삼십), 百(백), 千(천), 萬(만), 億(억)

　(二(이)) 서수사(序數詞)는 차례(次例)를 수(數)하는 말이니 명적(名的)
수사(數詞) 말(末)에 (재)를 가(加)

하고 한어(漢語)로 된 말은 제(第)자(字)를 선입(先入)하ᄂ니라

    첫재,   둘재,   第一(제일),   第二(제이) 等(등)과 여(如)함

(삼(三)) 시수사(時數詞)는 연월일시(年月日時) 등(等)을 수(數)하는 말이니

(시(時))	한시,	두시,	초경,	이경,	일초,	일분
(일(日))	하로,	이틀,	사흘,	나흘,	닷세,	엿세,
	닐헤,	여들에,	아흘에,	열흘,	보름,	스므난,
	금음,	어적게,	그적게,	오늘,	래일,	모레
(월(月))	정월,	이월,	동지달,	섣달,	봄,	여름
(연(年))	상년,	그럭게,	올해,	래년,	한살

(사(四)) 양수사(量數詞)는 가감(加減)되는 수(數)를 산(筭)하는 말이라

    더,   배,   번,   갑절,   윈

우(右)[8]는 부사(副詞)와 통용(通用)

---

8) '우'는 가로쓰기에서는 '위'의 의미이다.

반,　　홋,　　겹,　　쌍,　　얼

우(右)⁹⁾는 형용사(形容詞)와 통용(通用)

(오(五)) 조수사(助數詞)는 만물(萬物)의 각(各) 종(種)을 종(從)하야 유명수(有名數)를 현(現)하는 말이라

짐,　　목,　　치,　　자,　　뭇,　　동,　　커레,　　싹,
厘(리),　圓(원),　　張(장),　　升(승),　　斗(두)

제(第) 오(五)장(章) 동사(動詞)

동사(動詞)라 하는 것은 사물(事物)의 동작(動作)을 표현(表現)하는 말이니 기본의(基本意)와 변화(變化)하는 형세(形勢)를 싸라 오(五)대별(大別)이 유(有)하니라

제(第) 일(一)절(節) 동사(動詞)의 종류(種類)

동사(動詞)는 기(其) 발현(發現)하는 성질(性質)을 인(因)하야 자동(自動), 타동(他動), 사동(使動), 피동(彼動), 형용근(形容勤), 숭경동(崇敬動)의 육종(六種)이 유(有)하니라

(일(一)) 자동사(自動詞)는 기(其) 동작(動作)의 관계(關係)가 타(他)에게 급(及)치 아는 말이니 항(恒)

---

9) '우'는 가로쓰기에서는 '위'의 의미이다.

상(常) 주격(主格) 명사(名詞) 하(下)에 재(在)하니라

　　곳이　　　핀다
　　나무가　잘 자란다

　(이(二)) 타동사(他動詞)는 그 동작(動作)의 관계(關係)가 타(他)에게 급(及)ᄒ는 말이니 항상(恒常) 객격(客格) 명사(名詞) 하(下)에 재(在)하니라

　　개를 싸린다
　　글을 닑는다

　(삼(三)) 사동사(使動詞)는 그 동작(動作)이 타(他)를 사역(使役)하는 말이니 항상(恒常) 본동사(本動詞)가 <u>의, 기, 니, 히</u> 등(等) 간음(間音)을 합(合)하야 객격(客格) 명사(名詞) 하(下)에 재(在)환 자(者)니라

　　애기를 자이다
　　손을 숨긴다
　　북을 울니다

글을 넓히다

사동사(使動詞)는 자타(自他) 양(兩)동사(動詞)가 변(變)하야 되는데 기 (其) 법(法)은 항상(恒常) 이, 기, 니, 히 사(四) 간음(間音)이 입(入)할 새 바침이 무(無)하면 이 음(音)이오 ㅁㅅㄴ 바침에는 기 음이오 ㄹ 바침에 는 니 음(音)이오 ㄱㄷㅂ 바침에는 히 음(音) 등(等)으로 되나니라

자동사(自動詞)가 사동사(使動詞)로 될 시(時)는 트리 이(二)자(字)로 됨도 유(有)하니

써러지다 ……………… 써러트리다
문허지다 …………… 문허트리다
붓어지다 ………… 붓어트리다
넘어지다 …………… 넘어트리다

(사(四)) 피동사(彼動詞)는 타(他)의 명령(命令)을 피(被)하야 동작(動 作)하는 말이니 항상(恒常) 본동사(本動詞)가 주격(主格) 명사(名詞) 하 (下)에서 이, 기, 니, 히 등(等) 간음(間音)을 합(合)하야 자동(自動)의

성질(性質)을 대(帶)하나니라

밥이	<u>몔히다</u>
돈이	<u>쓰이다</u>
개가	<u>잡히다</u>
산이	<u>뵈이다</u>

　본사(本詞)가 피동사(被動詞)로 변(變)하는 법(法)은 기(其) 간음(間音)의 입(入)함이 사동사(使動詞)의 성립(成立)하는 법(法)과 동일(同一)한지라 그러나 지 자(字)를 합(合)함도 유(有)하니

다티다	다텨지다
올니다	올녀지다
갈니다	갈녀지다

　(오(五)) 형용동사(形容動詞)는 형용사(形容詞)가 변(變)하야 동사(動詞)를 성(成)하는 말이라

길이	<u>쬬앗다</u>

크가   <u>컷다</u>

(육(六)) 숭경동사(崇敬動詞)는 타(他)의 동작(動作)을 존경(尊敬)하는 말이니

자다 …………… <u>줌으시다</u>

잇다 …………… <u>게시다</u>

먹다 …………… <u>잡수시다</u>

제(第) 이(二)절(節) 동사(動詞)의 시(時)

동사(動詞)는 기(其) 변용(變用)을 인(因)하야 반다시 삼단(三段)의 시기(時期)를 생(生)하니 원시사(原時詞)와 부시사(副時詞)가 유(有)하니라

(일(一)) 원시사(原時詞)는 시간(時間)의 원근(遠近)을 물론(勿論)하고 보통시(普通時)에 관(關)하야 언(言)함

현재(現在)   시방(時方) 되는 작용(作用)을 표(表)하는 것

간다
온다 ⌈ 현재(現在)에는 ㄴ 바침을 요(要)하나 만일(萬一)
    명사(名詞)와 합(合)할 시(時)는 과거(過去)가 되나
 ⌊ 니 <u>간 사람, 온 집, 멀을 쌔</u> 등(等)이 시(是)니라

먹는다

미래(未來)　　아직 오지 안 하는 것을 표(表)하는 것

가겟다 ┐　　미래(未來)에는 겟 자(字)를 요(要)하나 명사(名
오겟다 │　　詞)를 합(合)할 시(時)에 취(就)하야는 ㄹ 바침
먹겟다 ┘　　으로 되나니 <u>갈 집</u>, <u>올 사람</u>, <u>먹을 밥</u> 등(等)이
　　　　　　시(是)니라

과거(過去)　　발셔 지나간 작용(作用)을 표(表)하는 것

갓다 ┐　　과거(過去)에는 ㅅ 바침을 요(要)하나 명사(名
왓다 │　　詞)와 합(合)하는 시(時)에는 ㄴ 바침을 요(要)
먹엇다 ┘　　하나니 상(上)[10]에 시(是)하니라

(이(二)) 부시사(副時詞)는 과거(過去)에 대(對)한 시(時)의 원근(遠近)
을 종(從)하야 구(九) 구별(區別)이 유(有)하니 차(此)에는 항상(恒常) 셧
자(字)나 더 자(字)가 입(入)하나니라

　　먹엇겟다　　　　　　과미래(過未來)

---

10) '상(上)'은 가로쓰기의 '좌(左)'의 의미이다.

먹겟더라	반과미래(半過未來)
먹엇겟더라	반중과미래(半中過未來)
먹더라	반과거(半過去)
먹엇더라	반중과거(半中過去)
먹엇셧다	원과거(遠過去)
먹엇셧더라	반원과거(半遠過去)
먹엇셧겟다	원과미래(遠過未來)
먹엇셧겟더라	반원과미래(半遠過未來)

제(第) 삼(三)절(節) 시(時)의 분사(分詞)

분사(分詞)라 하는 것은 동사(動詞)의 시간(時間) 성질(性質)을 분간(分間)하야 타어(他語)와 연속(連續)하는 것이니 명사(名詞) 토(吐)와 합(合)하야 쓰기도 하고 명사(名詞) 전(前)에 쓰기도 하나니라

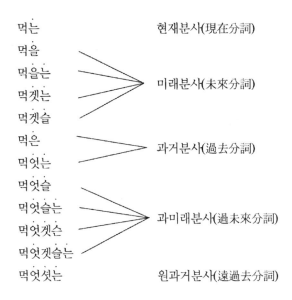

먹는   현재분사(現在分詞)

먹을
먹을는
먹겟는   미래분사(未來分詞)
먹겟슬

먹은   과거분사(過去分詞)
먹엇는

먹엇슬
먹엇슬는
먹엇겟슨   과미래분사(過未來分詞)
먹엇겟슬는
먹엇셧는   원과거분사(遠過去分詞)

먹엇섯겟는 ——————
먹엇섯겟슬 —————— 원과미래분사(遠過未來分詞)

먹던 반과거분사(半過去分詞)

먹을야던 ——————
먹겟던 —————— 반과미래분사(半過未來分詞)

먹엇던 반중과거분사(半中過去分詞)

먹엇겟던 반과미래분사(半過未來分詞)

먹엇섯던 반원과거분사(半遠未來分詞)

먹엇섯겟던 반원과미래분사(半遠過未來分詞)

먹건 이현재분사(異現在分詞)

먹엇건 이과거분사(異現在分詞)

먹엇섯건 이원과분사(異遠過分詞)

먹겟건 　　　　　　　　이미래분사(異未來分詞)

제(第) 사(四)절(節) 동사(動詞)의 접성변화(接成變化)

동사(動詞)는 반다시 조동사(助動詞)를 합(合)하여야 완전(完全)한 말이 되는지라 그런데 조동사(助動詞)를 합(合)할 동시(同時)에는 여러 개로 변(變)함이 유(有)할새 기(其) 법(法)이 삼종(三種)이 유(有)하니 일(一)은 어원(語原)이 그대로 조동사(助動詞)를 합(合)하는 것이오 이(二)는 어원(語原)이 간음(間音)을 입(入)한 후(後)에 조동사(助動詞)를 합(合)하는 것이오 삼(三)은 간음(間音)이 쏘 다시 여러 가지 바침을 합(合)하야 변(變)한 후(後)에 조동사(助動詞)를 합(合)하는 것이니라

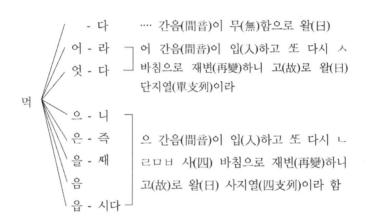

대개(大概) 모든 동사(動詞)가 오(五) 바침의 입(入)함은 동일(同一)하나 간음(間音)의 입(入)함은 부동(不同)하야 간음(間音)이 불입(不入)하는 것도 잇고 단지(但只) 한 간음(間音)만 입(入)하는 것도 잇고 이(二) 간음(間音)이 병립(並立)하는 것도 잇나니 차(此)를 이하(以下)에 언(言)하노라

(일(一)) 무간음동사(無間音動詞)는 바침이 업는 말 중(中)에 그 말음(末音)이 ㅏ ㅓ 이(二) 모음(母音)으로 된 말은 간음(間音)이 입(入)치 안나니라

(일(一))

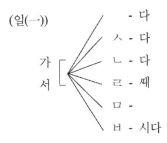

(이(二)) 단간음동사(單間音動詞)는 바침이 업는 말노 간음(間音)이 단지열(單支列)만 입(入)하나

니 자(玆)에 사종(四種)이 유(有)하야 말음(末音)이 ㅗ 모음(母音)으로 된 자(者)는 아 음(音)이 입(入)하고 기(其) 타(他)는 어 음(音)이 입(入)함

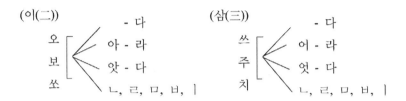

(이(二))

오
보
쏘
- 다
아 - 라
앗 - 다
ㄴ, ㄹ, ㅁ, ㅂ, ㅣ

(삼(三))

쓰
주
치
- 다
어 - 라
엇 - 다
ㄴ, ㄹ, ㅁ, ㅂ, ㅣ

아 음(音)이 입(入)함은 바침이 유(有)하야도 역연(亦然)하고 쏘한 ㅏ 모음(母音)으로 된 자(者)가 바침이 유(有)하야도 역연(亦然)하니 안아라, 놀아라 등(等)이 오, ㅣ, ㅚ, ㅟ 등(等)의 화모음(化母音)으로 된 자(者)는 여 음(音)이 입(入)하고 특(特)히 (하) 동사(動詞)는 야 우(又) 여 음(音)이 입(入)함

(사(四))

되
이
쉬
-
여 -
엿 -
ㄴ, ㄹ, ㅁ, ㅂ, ㅣ

(오(五))

하
-
야 -
얏 -
우(又)
- 여
- 엿
ㄴ, ㄹ, ㅁ, ㅂ, ㅣ

(삼(三)) 이간음동사(二間音動詞)는 바침이 유(有)한 말노 어으 이음(二音)이 병입(並入)하는 자(者)이라

(육(六))

먹 〔 어 -
  　 으 -

(사(四)) 변원동사(變原動詞)는 바침이 유(有)한 말노 그 어원(語原)이 변(變)함이 유(有)하니 자(茲)에 오종(五種)이 유(有)하니라

(칠(七))

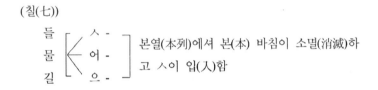

들
물 〔 ㅅ -
길 　 어 -
　 　 으 -　〕 본열(本列)에셔 본(本) 바침이 소멸(消滅)하고 ㅅ이 입(入)함

(팔(八))

짓
눕 〔 -
　 누어
　 지어
　 지으
　 누으 〕 본(本) 바침이 간음(間音)과 합(合)할 시(時)는 소멸(消滅)함

(구(九))

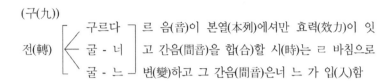

전(轉) ← 구르다 / 굴 - 너 / 굴 - ㄴ ┐ ㄹ 음(音)이 본열(本列)에서만 효력(效力)이 잇고 간음(間音)을 합(合)할 시(時)는 ㄹ 바침으로 변(變)하고 그 간음(間音)은너 ㄴ 가 입(入)함

(십(十))

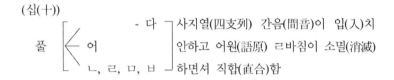

풀 ← 어 / - 다 / ㄴ, ㄹ, ㅁ, ㅂ ┐ 사지열(四支列) 간음(間音)이 입(入)치 안하고 어원(語原) ㄹ바침이 소멸(消滅)하면셔 직합(直合)함

(십일(十一))

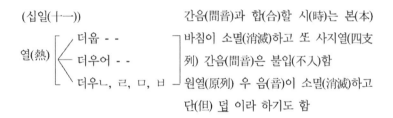

열(熱) ← 더웁 - - / 더우어 - - / 더우ㄴ, ㄹ, ㅁ, ㅂ ┐ 간음(間音)과 합(合)할 시(時)는 본(本) 바침이 소멸(消滅)하고 쏘 사지열(四支列) 간음(間音)은 불입(不入)함 원열(原列) 우 음(音)이 소멸(消滅)하고 단(但) 덥 이라 하기도 함

모든 동사(動詞)가 조동사(助動詞)와 합(合)할 경우(境遇)에 재(在)하야 그 변(變)하는 법(法)은 이상(以上) 십일(十一)종(種)이 유(有)하니라

제(第) 오(五)절(節) 동사(動詞)의 완성(完成)

동사(動詞)는 조동사(助動詞)를 합(合)하야 기(其) 의의(意義)를 완성(完成)하는데 기(其) 완성(完成)함에 대(對)하야 대개(大概) 오종(五種)이 유(有)하니라

(일(一)) 평술(平述)은 문사(問詞)도 안이오 명령(命令)도 안이오 단(但)교제적(交際的)으로 서술(敍述)하는 말이라

> 오늘 연회(宴會)를 열다
> 사람이 공부(工夫)를 잘할야면 심력(心力)을 다하여야 되오
> 지식(知識)이 업스면 세상(世上)에 스지 못할이라

(이(二)) 의문(疑問)은 뭇는 말이라

> 안녕이 줌으섯슴닛가
> 이것이 무엇이냐
> 학도(學徒)들이 다 갓나

(삼(三)) 명령(命令)은 남을 사역(使役)하는 말이라

학교(學校)에 가거라

이리 오시오

진지 잡수시오

(사(四)) 공명(共命)은 아(我)여(汝)를 물론(勿論)하고 공동(共同)으로
사역(使役)식이는 말이라

구경(求景) 갑시다

누어 자세

운동(運動)하쟈

(오(五)) 기구(記述)은[11] 연설(演說)이나 기재(記載)상(上)에 용(用)하는
말이라

가지 못하나니라

열심(熱心)으로 힘쓸진뎌

업(業)은 귀천(貴賤)이 업도다

제(第) 육(六)장(章) 형용사(形容詞)

---

11) '구(述)'는 '술(述)'의 잘못이지만 원문대로 두기로 한다.

형용사(形容詞)라 하는 것은 사물(事物)의 형상(形狀) 우(又)는 그 성질(性質)을 표시(表示)하는 말이니 그 종류(種類)는 이(二)라 이하(以下)에 구(述)하노라12)

제(第) 일(一)절(節) 형용사(形容詞)의 종류(種類)

형용사(形容詞)의 종류(種類)는 본체(本体)와 변체(變体)가 유(有)하니라

(일(一)) 본체(本体)는 본래(本來) 고유(固有)한 자(者)

크다,　　　붉다,

달다,　　　깃브다,

더웁다,　　속하다

(이(二)) 변체(變体)는 타종사(他種詞)로 변성(變成)한 자(者)

명사(名詞)로 된 것

사람의　　머리

말의　　　쇼리

---

12) '구(述)'는 '술(述)'의 잘못이지만 원문대로 두기로 한다.

대명사(代名詞)로 된 것

내	책
온갖	나라
그	것

수사(數詞)로 된 것

| 한 | 사람 |
| 첫 | 재 |

동사(動詞)로 된 것

| 가는 | 사람 |
| 오는 | 말 |

등(等)이니 변체사(變体詞)는 항상(恒常) 명사(名詞) 대명사(代名詞) 등 (等) 우에 합(合)하야 형용(形容)의 성질(性質)을 표시(表示)하나니라

제(第) 이(二)절(節) 형용사(形容詞)의 용법(用法)

형용사(形容詞)의 용법(用法)은 명사(名詞) 전(前)에 쓰기도 하고 그 후(後)에 쓰기도 하는데 전자(前者)를 전치사(前置詞) 후자(後者)를 후치사(後置詞)라 하나니라

<u>붉은</u>	긔
<u>좋은</u>	길
길이	<u>좁다</u>
긔가	<u>붉다</u>

그런데 형용사(形容詞)가 명사(名詞) 후(後)에 재(在)할 시(時)는 동사(動詞)의 성질(性質)이 되는 고(故)로 형용동사(形容動詞)라 하며 전치사(前置詞)는 혹(或) 왈(曰) 접두어(接頭語)라 하나니라

제(第) 삼(三)절(節) 형용사(形容詞)의 양(量)

형용사(形容詞)는 기(其) 형용(形容)의 분량(分量)을 표(表)함에 대(對)하야 물론(勿論) 부사(副詞)로써 시(示)하나 특(特)히 본사(本詞) 자체(自體)가 변(變)하야 표(表)하기도 하니 예(例) 여(如)

보통량(普通量)	중량(中量)	대량(大量)
붉다,	벍어타,	밝아타,
희다,	허여타,	하얏타,
푸르다,	퍼러타,	파라타,
누르다,		노라타,
넙적하다,		납작하다,
둥글다,		동글다,
쓰겁다,		싸겁다,
이것,		요것

등(等)과 여(如)한지라 연(然)이나 차(此)는 타종사(他種詞)보다 기(其) 조직(組織)이 불규칙(不規則)으로 되야 일정(一定)한 법(法)을 설명(說明) 키 난(難)하니라 단(但) 대(大)한 양(量)을 장음(長音) 혹(或) 격음(激音)으 로던지 쓰는 부사(副詞)를 인(因)함이 유(有)하니 차(此)는 동일(同一)한 통례(通例)니

라

제(第) 칠(七)장(章) 조동사(助動詞)

조동사(助動詞)라 하는 것은 동사(動詞)의 변화(變化)를 조(助)합(合)하야 기(其) 의의(意義)를 완전(完全)케 하는 것이니 이하(以下) 제절(諸節)에 말하노라

제(第) 일(一)절(節) 조동사(助動詞)의 종류(種類)

조동사(助動詞)는 기(其) 위치(位置)의 각양(各樣) 단락(段落)을 생(生)하는 경우(境遇)로 인(因)하야 간조(間助)와 완조(完助)의 이종(二種)이 유(有)하니라

(일(一)) 간조(間助)는 유의미(有意味)의 사(詞)로 타(他) 조동(助動)을 합(合)하는 것이라

하	착하다
거	가거라
지	먹지 말아
는	먹는다

겟	먹겟다
고져	먹고져 하오

(이(二)) 완조(完助)는 유의미(有意味)의 음(音)으로 각종(各種) 사(詞)를 다 조합(助合)하는 것이니 차(此)를 왈(曰) 토(吐)라 하나니 그 토(吐)는 연쇄토(連鎖吐)와 종결토(終結吐)의 이류(二類)니라

(1)연쇄토(連鎖吐)는 전편(全篇)의 의(意)를 연합(連合)하는 자(者)니라

셔	가셔
고	가고
야	먹어야
니	먹으니
도록	쥬도록
며	쥬며

(2) 종결토(終結吐)는 전(全) 어의(語意)를 종지(終止)하는 자(者)니라

오	가오
다	가다
라	가라
가	가는가
냐	가느냐

제(第) 이(二)절(節) 조동사(助動詞)의 의사(意思)

이상(以上) 여러 가지 조동사(助動詞)의 의사(意思)를 해론(解論)하면 십일종(十一種)이 유(有)하니라

시기(時期) 기절(期節)을 표(表)하는 말

는	현재(現在)
겟	미래(未來)
야	미래(未來)
엿	과거(過去)

| 더 | 과거(過去) |

희구(希求) 원망(願望)하는 의(意)

고져	가고져
십흐어	가고 십흐어
져	가져이다

필요(必要) 부득이(不得已)의 의(意)

| 야 | 가야 |
| | 먹어야 |

결정(決定) 단결(斷決)의 의(意)

셔	가셔
겟	가겟다
마	가마

의문(疑問) 탐문(探問)의 의(意)

가　　　가는가
뇨　　　가나뇨
냐　　　가느냐

부정(否定) 불연(不然)의 의(意)

안　　　가지 안하오
못　　　가지 못한다
말　　　가지 말아

의상(擬想) 상상(想像)의 의(意)

걸　　　갈걸
지　　　가지
듯　　　갈 듯

명령(命令) 명사(命使)의 의(意)

오	가오
게	가게
라	가라

사역(使役) 타(他)를 사(使)하는 의(意)

게	보게 한다
	가게 하다

존경(尊敬) 존칭(尊稱)의 의(意)

시	가시오
쇼셔	보쇼셔
샤	하샤

겸공(謙恭) 공손(恭遜)의 의(意)

와   그리하와

삽   갓삽고

제(第) 팔(八)장(章) 부사(副詞)

부사(副詞)라 하는 것은 동사(動詞) 형용사(形容詞) 급(及) 타(他) 부사(副詞)에 부(附)하야 기(其) 의의(意義)를 분명(分明)히 하며 또한 제한(制限)하는 말이니라

제(第) 일(一)절(節) 부사(副詞)의 종류(種類)

부사(副詞)의 외형상(外形上) 구별(區別)은 기(其) 조직(組織) 여하(如何)를 수(隨)하야 별(別)함이니 본체(本体)와 변체(變体) 이종(二種)이 유(有)하니라

(일(一)) 본체(本体)는 고유(固有)한 말이라

잘,   다시,   다,

곳,   차々,   퍽,

매우,   감히,   반다시

(이(二)) 변체(變体) 각종(各種) 사(詞)로 변성(變成)한 자(者)

명사(名詞) 대명사(代名詞) 수사(數詞)로 된 것

아침에	간다
산에셔	온다
열심으로	공부한다
개와	갓다
내가	본다
나보다	크다
천(千)보다	적다

동사(動詞) 형용사(形容詞)로 된 것

속히

멀니

펄々
들어간다
붉고붉다
달게먹다

차(此)는 히, 니, 게, 이 등(等) 간음(間音)으로 되기도 하고 (고)자(字)를 합(合)하야 되기도 하고 단지열(單支列) 간음(間音)에 동사(動詞)를 직합(直合)하기도 하며 형용사(形容詞)를 재합(再合)하기도 하나니라

제(第) 이(二)절(節) 부사(副詞)의 의사(意思)

부사(副詞)의 내의상(內意上) 구별(區別)은 기(其) 의의(意義)의 여하(如何)를 종(從)하야 분(分)함이니 오종(五種)이 유(有)함

(일(一)) 시부사(時副詞)

　　간혹,　　갑작이,　　　갓,

장챠,   그적게,   나종

(이(二)) 처부사(處副詞)

거긔,   갓가히,   더리,
이다지,   함박,   필경

(삼(三)) 연부사(然副詞)

예,   오냐,   웅,
올치,   글세,   아무렴

(사(四)) 거부사(拒副詞)

안이,   못,   웨,   엇지하야

(오(五))   혼부사(混副詞)

불가불,   가급뎍,   아모리,
암만,   오히려,   반다시

제(第) 구(九)장(章) 후사(後詞)

후사(後詞)라 하는 것은 명사(名詞) 대명사(代名詞) 수사(數詞) 등(等)에 합(合)하야 용(用)하는 것이니 혹(或)은 명사(名詞)와 직합(直合)함도 잇고 혹(或)은 명사(名詞) 위격토(位格吐)를 입(入)한 후(後) 접성(接成)함도 잇나니라

제(第) 일(一)절(節) 후사(後詞)의 종류(種類)

후사(後詞)의 종류(種類)는 본체(本体)와 변체(變体)의 이종(二種)이 잇나니라

(일(一)) 본체(本体)는 고유(固有)한 자(者)

가,　　을,　　에,　　싸지,　　쑴

(이(二)) 변체(變体)는 타종(他種) 사(詞)로 변성(變成)한 자(者)

넘어,　　건너,　　뒤,　　안,　　엽

제(第) 이(二)절(節) 후사(後詞)의 의사(意思)

후사(後詞)는 기(其) 의사(意思)가 다종(多種)이나 대개(大槪) 분류(分類)하면 사종(四種)이라

(일(一)) 위격(位格)을 정(定)하는 것

가,   을,   에,   으로,

의,   에서,   아,   은

(이(二)) 접속(接續)의 의(意)

과,   와,   브터

(삼(三)) 사물(事物)의 도량(度量)을 지정(指定)ㅎ는 것

쑴,   쌘,   만,   식,

네,   들,   씨리,   보담

(사(四)) 사물(事物)을 차정(差定)하는 것

싸지,   도,   건너,   뒤,

안,   넘어,   엽,   얏말로

차(此) 외(外)에 명사(名詞) 대명사(代名詞) 수사(數詞) 등(等)이 설명적(說明的) 의사(意思)를 표(表)하는 경우(境遇)에

는 조동사(助動詞)의 토(吐)를 차(借)ᄒ야 사룸인들, 개라도 등(等)과 가티
용(用)함

제(第) 십(十)장(章) 접속사(接續詞)

접속사(接續詞)라 ᄒ는 것은 이개(二個) 이상(以上)의 어구(語句) 우
(又)는 문장(文章)을 연속(連續)ᄒ는 말이니라

제(第) 일(一)절(節) 접속사(接續詞)의 종류(種類)

접속사(接續詞)의 종류(種類)는 본변(本變) 이종(二種)이 유(有)하니라
(일(一)) 본체(本体)는 본래(本來) 고유(固有)한 자(者)

쏘,　　겸,　　다못,　　밋,　　그럼

(이(二)) 변체(變体)는 타종(他種) 사(詞)로 전변(轉變)혼 자(者)

그런데,　　　　여긔대하야,
쑨더러,　　　　어시호,
그런고로,　　　이를말믜암아

제(第) 이(二)절(節) 접속사(接續詞)의 의사(意思)

접속사(接續詞)는 기(其) 용(用)하는 의사(意思)를 싸라 이종(二種) 육별(六別)이 유(有)하니라

(일(一)) 동서사(東序詞)는 일반(一般) 이어(二語)를 동등(同等)으로 연결(連結)하는 것이라

연합사(連合詞)

과,   와,   하고,   하며,   쏘

별의사(別義詞)

하나마나,   할는지말는지,
잇든지업든지

(이(二)) 부서사(副序詞)는 사(事)의 관계(關係)를 지시(指示)하는 것이니 조동사(助動詞)로 변성(變成)한 자(者)니라

조건사(條件詞)

면   돈이 잇스면 사겟소

거든	돈이 잇거든 주마

반의사(反意詞)

드라도	잇드라도 안 하오
들	잇슨들 무엇할잇가

연고사(緣故詞)

기에	브르기의 왓소
고로	공부(工夫)한 고로 알겟소

시부사(時付詞)

도록	다 먹도록 잇다
면서	가면서 본다

　그런데 접속사(接續詞)는 문구(文句) 중(中) 그 위치(位置)에 대(對)하야는 부사(副詞)도 되나니 예여(例如)(친구가 원방(遠方)으로브터 차저 오면 쏘한 깃브지 안하냐) 등(等)과

여(如)하니 기(其) 여(餘)는 추차가지(推此可知)니라

제(第) 십일(十一)장(章) 감동사(感動詞)

감동사(感動詞)라 하는 것은 희노애락(喜怒哀樂) 등(等)의 감정(感情)을 생(生)할 시(時)에 그 의(意)를 표(表)하는 말이니

아하,   애고,   아야,
이런,   흥,   어풀사

차(此) 외(外)에 조동사(助動詞)의 토(吐)를 차(借)하야 타(他) 사(詞)로써 변성(變成)함도 유(有)하니 예(例)여(如) 크고나, 이것인가, 앗갑다, 비가 오네그려 등(等)과 여(如)한지라 그런데 감동사(感動詞)는 기(其) 성(性)이 매양 발정(發情)의 구기(口氣)인 고(故)로 동일(同一)의 어(語)라도 음조(音調)의 저앙(低昻)을 의(依)하야 호상(互相) 통용(通用)하나니라

제(第) 삼(三)편(編) 문장론(文章論)

제(第) 일(一)장(章) 문장(文章)의 조직(組織)

범(凡) 문장(文章)이라 하는 것은 단어(單語)를 종합(綜合)한 바 기(其) 완결(完結)의 사상(思想)을 표현(表現)하는 자(者)이라 그런데 문장(文章)을 조립(組立)함에는 오대(五大) 요소(要素)가 유(有)하니 왈(曰) 사(詞), 구(句), 절(節), 장(章), 편(編)이니라

(일(一)) 사(詞)라 함은 문장(文章)의 단위(單位)로 일개(一個) 단순(單純)한 사상(思想)을 표시(表示)하는 자(者)를 운(云)함이니 즉(卽) 십(十)원사(元詞)니라

(이(二)) 구(句)라 함은 제(諸) 원사(元詞)를 조화(調和)하야 일단(一團)의 완전(完全)한 의(意)를 표명(表明)하는 자(者)를 위(謂)함이니라

(삼(三)) 절(節)이라 함은 구(句) 여(與) 구(句)가 상첩(相疊)하야 문장(文章) 내(內) 복잡(複雜)한 부분(部分)을 구별(區別)하야 언(言)함이니라

(사(四)) 장(章)이라 함은 절(節) 여(與) 절(節)이 상합(相合)하야 장문장(長文章)의 단락(段落)을 구별(區別)한 것이니 단소(短少)한 문장(文章)에는 차(此) 구별(區別)이 무(無)하니라

(오(五)) 편(篇)이라 함은 제(諸) 어맥(語脉)을 상련(相連)하야 기(其) 의사(意思)가 완결(完結)한 바를 위(謂)함이니 문(文)의 단장(短長)을 불구(不拘)하고 완결(完結)한 자(者)는 개(皆)왈(曰) 일편(一篇)이라 하나니라

문장(文章)의 조립(組立)하는 법(法)은 대개(大槪) 차(此) 요소(要素)로 성(成)하나 절(節)과 장(章)은 특(特)히 연장(延長)한 구(句)를 다시 분석(分析)하야 기(其) 단락(段落)을 명(名)함이라 고(故)로 기(其) 어법(語法)의 조직(組織)도 역(亦) 구(句)와 상등(相等)하니라

제(第) 이(二)장(章) 구(句)의 성분(成分)

문구(文句)를 구성(構成)함에는 주어(主語) 객어(客語) 설명어(說明語) 보어(補語) 수식어(修飾語) 등(等) 오분자(五分子)로써 조직(組織)하니 기(其) 용법(用法)과 성질(性質)을 이하(以下) 제(諸) 절(節)에 논(論)하노라

제(第) 일(一)절(節) 주어(主語)

주어(主語)라 하는 자(者)는 사상(思想)을 서술(敍述)함에 대(對)하야
기(其) 주체(主体)되는 어(語)를 위(謂)함이니

닭이   운다
<u>태양(太陽)이</u>   써오른다
<u>무엇이던지</u>   먹는다
<u>너는</u>   착하다

등(等)과 여(如)한 자(者)니 주어(主語)는 기(其) 성립상(成立上) 형식
(形式)에 인(因)하야 단주(單主), 복주(複主), 총주(總主), 부주(副主)의 별
(別)이 유(有)하니라
단주어(單主語) 일개(一個) 주어(主語)로 성(成)한 자(者)

<u>소가</u>   간다
<u>말이</u>   쒼다

복주어(複主語) 이개(二個) 이상(以上)의 주어(主語)로 성(成)한 자(者)

<u>소와 말이</u>　　　　다라난다
<u>붓과 먹이</u>　　　　잇다

총주어(總主語) 타(他) 주어(主語)를 통일(統一)한 자(者)

<u>가을은</u>　　달이　　밝다
<u>나는</u>　　힘이　　강하다

부주어(副主語) 총주어(總主語) 하(下)에 재(在)한 자(者)

우리가　　가는　　<u>산(山)</u>
바람이　　서늘한　　<u>저녁</u>
나는　　<u>힘이</u>　　강(强)하다
가을은　　<u>달이</u>　　밝다

제(第) 이(二)절(節) 설명어(說明語)

설명어(說明語)라 하는 자(者)는 주어(主語)의 상태(狀態) 작용(作用)을
표(表)하는 자(者)이니

꽃이	<u>픽다</u>
새가	<u>운다</u>
와싱톤은	<u>영웅(英雄)이라</u>

등(等)과 여(如)한 자(者)이니 기(其) 성립상(成立上) 단설명(單說明), 복설명(複說明)이 유(有)하니라

단설명어(單說明語)

산(山)이	<u>높다</u>
물이	<u>깊다</u>

복설명어(複說明語)

산(山)이	<u>높고 크다</u>
물이	<u>깊고 넓다</u>

제(第) 삼(三)절(節) 객어(客語)

객어(客語)라 하는 자(者)는 설명어(說明語)에 대(對)하야 관계(關係) 목적(目的)을 시(示)하는 자(者)이

니

개가	고양이를	잡는다
병정(兵丁)들이	체조(体操)를	배혼다

그런데 객어(客語)도 기(其) 성립상(成立上) 단객(單客), 복객(複客), 부객(副客)의 별(別)이 유(有)하니라

단객어(單客語)

나는	책(册)을	본다
아해(兒孩)가	공을	친다

복객어(複客語)

목동(牧童)이	소와 양을	몰고간다
학생(學生)이	붓과 먹을	산다

부객어(副客語)

| 아해(兒孩)가 | 그림을 | 그린 죠희를 | 가젓다 |

범이	사심을	잡는 산양군을......

제(第) 사(四)절(節) 보어(補語)

보어(補語)라 하는 자(者)는 어의(語意)의 불분명(不分明)한 처(處)를 부사(副詞)로써 보족(補足)하나니

물은	나즌데로	흘너간다	
구름은	연긔와	갓다	
애비가	재산(財産)을	아들에게	주니라

보어(補語)에 대(對)하야도 쏘한 부보어(副補語)가 유(有)하니

책(冊)에	그린 군함(軍艦)과	비슷하다
사람과	다른 동물(動物)에	비(比)한다

제(第) 오(五)절(節) 수식어(修飾語)

수식어(修飾語)라 하는 자(者)는 주어(主語)나 설명어(說明語)나 객어(客語)나 보어(補語)의 기(其) 의의(意義)

를 형용(形容) 수식(修飾)하는 자(者)이니

<u>붉은</u> 곳이	픠다	
뎌이가	<u>가는</u> 사람을	짜린다
광음(光陰)은	<u>흐르는</u> 물과	방사하다
비가	<u>심혹하게</u>	나린다

제(第) 육(六)절(節) 구어(句語)의 합체(合体)

구어(句語)는 여러 가지 부종어(副從語)와 합(合)할 시(時)는 자연(自然) 어세(語勢)가 장(長)하매 기(其) 복잡(複雜)한 부분(部分)을 해부(解剖)하면 주부(主部), 객부(客部), 보부(補部), 설명부(說明部), 수식부(修飾部) 등(等)으로 판출(判出)되나니라

<u>뎌긔 가는 사람이</u>	나를	<u>돌아본다</u>
주부(主部)		설명부(說明部)
학도가	<u>한문 글자를</u>	쓴다
	객부(客部)	

이것은	<u>아조 대단히 적은</u> 수근부(修筋部)		것이오
너는	<u>저긔 쌜니 가는 적은 아해(兒孩)와</u> 보부(補部)	비슷하다	

제(第) 삼(三)장(章) 구(句)의 어맥(語脉)

각종(各種) 구어(句語)를 연합(連合)하야 일구(一句)의 문(文)을 성(成)할새 기(其) 어맥(語脉)은 또한 여러 가지 성질(性質)을 싸라 기(其) 종(種)이 다(多)하니 차(此)를 이하(以下) 제(諸)절(節)에 설(說)하노라

제(第) 일(一)절(節) 위치(位置) 급(及) 변환(變換)

구어(句語)의 성분(成分)은 기(其) 맥락(脉絡)이 각기(各其) 정식(定式)도 유(有)하며 전도(顚倒)도 유(有)하며 또한 생략(省略)함도 유(有)하니라

(일(一)) 구어(句語)의 정위(定位) 구(句)의 각(各) 성분(成分)은 일정(一定)한 위치(位置)에 재(在)하매 기(其) 법(法)은 여좌(如左)함[13]

---

13) '좌(左)'는 가로쓰기에서는 '아래'의 의미임.

주어(主語) ······················· 일구(一句)의 수위(首位)

설명어(說明語) ················· 일구(一句)의 말위(末位)

객어(客語) ······················· 일구(一句)의 중위(中位)

보어(補語) ······················· 객어(客語)의 하위(下位)

수식어(修飾語) ················· 각(各) 어(語)의 상위(上位)

(이(二)) 구어(句語)의 전도(顚倒) 각(各) 구어(句語)는 일정(一定)한 위치(位置)가 유(有)하나 수사상(修辭上) 취미(趣味)를 취(取)하야 호상(互相) 변환(變換)함이 유(有)하니

목동(牧童)이	소를	몰고 간다
목동(牧童)이	몰고 간다	소를
소를	몰고 간다	목동(牧童)이
몰고 간다	목동(牧童)이	소를

(삼(三)) 구어(句語)의 생략(省略) 구어(句語)를 구조(構造)함에 대(對)하야 어맥(語脉)의 편의(便宜)로 생략(省略)

함이 유(有)하나 시(是)는 매양(每樣) 명사(名詞)가 동일(同一)한 주체(主体)가 될 시(時)에 재(在)하니라

나는	조라도	(나는)	눕지 안 한다
사룸사룸이	글을 배호고	(사룸사룸)	업을 닉힌다
수동(壽童)이가	글을 닑고	(수동(壽童)이가)	잔다

구어(句語)는 접속사(接續詞)가 무(無)히 성립(成立)하면 단구(單句)라 하고 유(有)하면 복구(複句)라 칭(稱)하니

달이	밝다 ······························· 단구(單句)
달이	밝고 셔리가 차다 ······· 복구(複句)

복구(複句)에 대(對)하야는 다시 주구(主句), 속구(屬句), 독립구(獨立句) 등(等)이 유(有)하니 속구(屬句)는 하문(下文)의 전제(前提)에 불과(不過)하고 주구(主句)는 일문(一文) 중(中) 골자(骨子)되는 자(者)오 독립구(獨立句)는 주속(主屬) 관계(關係)가 무(無)한 자(者)인데 주구(主句)도 역(亦) 독립구(獨立句)라 하나니

라

달이 밝으면 속구(屬句)	별이 드믈다 주구(主句)
갑군(甲軍)은 패(敗)하얏스나 속구(屬句)	을군(乙軍)은 니겻다 주구(主句)
매화(梅花)가 희고 독립구(獨立句)	새가 운다 독립구(獨立句)
밥 잘 먹고 독(獨)	공부(工夫) 잘 한다 독(獨)

속구(屬句)에 대(對)하야는 접속토(接續吐)의 관계(關係)를 인(因)하야 육종(六種)의 구별(區別)이 유(有)하니라

반의구(反意句)

물이 밝아도	고기가 논다
비가 오드라도	운동(運動)할지니라

연고구(緣故句)

달이 밝은 고로   가마귀가 날나간다
봄이 되니싸   꼿이 픠다

시부구(時付句)

싸오다가   쉰다
바람이 불면셔   비가 온다

정한구(定限句)

잠 잘어   간다
공부(工夫)할야고   니러낫다

성립구(成立句)

골을 내게   한다
힘을 쓰게   만든다

조건구(條件句)

해가 지면	고만둔다
종을 치거든	들어오너라

제(第) 삼(三)절(節) 구어(句語)의 성언상(成言上) 구별(區別)

타인(他人)의 한 말과 자기(自己)의 한 말을 연합(連合)하야 논증적(論証的)의 언(言)을 성(成)함에는 이(二) 구별(區別)이 유(有)하니 일(一)은 자술어(自述語) 이(二)는 인증어(引証語)라 차(此) 자술(自述) 인증(引証)의 성언(成言)되는 법(法)은 (고)를 연합(連合)하는데 혹(或) 약(畧)하기도 하나니라

그 사람이 온다고 하얏는데	안 왓쇼
가겟다고	하얏쇼

차(此) 외(外)에 자술어(自述語)가 인증어(引証語)로 됨이 유(有)하니

그러치 안탄	말이오
그리한단	말이오

제(第) 사(四)장(章) 편(篇)의 절(節) 부분(部分)

장문(長文)에 대(對)ᄒ야 질(節)의 단락(段落)을 생(生)할 시(時)는 일편(一篇)을 분(分)하야 삼단(三段)을 성(成)하니 상단(上段) 중단(中段) 하단(下段)이 되나니라

범(凡) 소년(少年)의 시(時)는 일세(一歲) 중(中)에 춘(春)과 갓고 식물(植物)의 종자(種子)를 파(播)하야 타일(他日) 수획(收獲)을 대(待)하는 시(時)와 가튼지라(상단(上段)) 고(故)로 소년(少年)된 자(者)는 면려박학(勉勵博學)하야 사물(事物)의 도리(道理)를 통(通)하야 성인(成人)한 후(後)에 각각(各各) 기(其) 업(業)에 취(就)하야 일신(一身)을 세우고 또 세(世)의 홍익(洪益)을 모(謀)할지니(중단(中段)) 만일(万一) 차(此) 시(時)를 허과(虛過)하고 면려(勉勵)치 안으면 맛참내 서제(噬臍)하야도 막급(莫及)이니라(하단(下段))

그런데 질(節)의 장단(長短)을 말하면 상단(上段)은 전편(全篇) 십분지삼(十分之三)에 당(當)ᄒ고 중단(中段)은 십분지오(十分之五)에 당(當)하고 하단(下段)은 십분지이(十分之二)에 상당(相當)하니 상질(上節)은 문(文)의 발단(發端)이오 중절(中節)은 상질(上節)의 의(意)를 승(承)하야 언(言)을 포장(舖張)하는 처(處)오 하절(下節)은 중절(中節)을 갱승(更承)하야 전편(全篇)의 의(意)를 결(結)하는 처(處)니

라

제(第) 오(五.)장(章) 문장(文章)의 종류(種類)

대범(大凡) 문(文)은 기(其) 인(人)의 사상(思想)과 심천(深淺) 여하(如何)를 수(隨)하야 부동(不同)한 점(点)이 다(多)하나 정칙(正則)으로 구별(區別)하면 이종(二種) 십별(十別)이 유(有)하니라

(일(一)) 의의상(意義上) 분류(分類) 문장(文章)의 성질(性質)를 이(以)하야 오류(五類)가 유(有)함

1 서설문(叙說文) 설명(說明)과 판단(判斷)을 언(言)한 것

　　공부(工夫)를 잘하야도 행(行)치 안하면 쓸데업나니라
　　사람이 신(信)이 업스면 그 가(可)함을 알지 못하나니라

2 명계문(命誡文) 희망(希望) 금지(禁止) 계칙(戒飭)을 표(表)하는 자(者)

　　청(請)컨대 적은 용맹(勇猛)을 됴하 하지 말아
　　계르지 말고 부지런 하야라

3 의문문(疑問文) 가의(假疑)던지 진의(眞疑)던지 의심(疑心)을 발(發)하는 자(者)

일기(日氣)가 흐리니 비가 올가
사람이 업나 사람을 아는 자(者)가 업나

4 공명문(共命文) 아(我)여(汝)를 물론(勿論)하고 공동행위(共同行爲)를 명(命)하는 것

명일(明日)은 닐직이 운동장(運動場)으로 모힙시다
우리 박람회(博覽會)에 구경(求景)하쟈

5 영탄문(詠歎文) 감동(感動)의 정사(情思)를 표(表)하는 자(者)

아하 백발(白髮)이 머리에 침로(侵擄)하매 장사(壯士)가 업고나
아지 못게라 세상(世上) 인심(人心)이여

(이(二)) 수사상(修辭上) 분류(分類) 문어(文語)의 형식상(形式上) 기(其) 수식(修飾)을 말미암아 오류(五類)가 유(有)함
1 이적문(理的文) 이성(理性) 학식(學識)을 유(由)하야 논리적(論理的)으로 추설(推說)하는 것
2 기적문(氣的文) 혈기(血氣) 담력(膽力)으로 침침(駸駸) 분일(奔逸)하게 서(叙)하는 것

3 정적문(情的文) 감정적(感情的)을 유(由)하야 발서(發叙)하는 것

4 재적문(才的文) 천재(天才)를 임(任)하야 기변(機變) 신화(神化)로 설(說)하는 것

5 사적문(辭的文) 외식적(外式的) 수식(修飾)을 무(務)하는 것

차등(此等) 종류(種類)는 특(特)히 완결(完結)한 문장(文章)에만 한(限)함이 안이라 구절(句節)에 대(對)하야도 차등(此等) 구별(區別)을 분(分)하기 가(可)하니라

제(第) 육(六)장(章) 문장(文章)의 체재(体裁)

범(凡) 문장(文章)은 사실(事實)의 종류(種類)를 수(隨)하야 기(其) 격식(格式)이 다(多)할새 대략(大畧) 말하면 제(制), 명(命), 칙(勅), 조(詔), 상서(上書), 장(章), 표(表), 설(說), 제(題), 발(跋), 시(詩), 부(賦), 전(傳), 문(文), 잠(箴), 기(記), 논(論), 서(叙), 서(序), 서(書), 명(銘), 책(策), 비갈(碑碣), 송(頌), 평(評), 융(戎),[14) 행장(行狀), 축문(祝文), 제문(祭文), 간문(簡文) 등(等) 삼십(三十)여종(餘種)이라 연(然)이나 차(此)를 문법상(文法上) 원리(原理)로 구별(區別)하면 이종(二種)에 불과(不過)하니 즉(卽) 기사체(記事體), 서론체(叙論体)니라

(일(一)) 기사체(記事体)는 사물(事物)의 동작(動作) 성질(性質) 상태(狀態) 등(等)을 사(寫)하는 자(者)이니 즉(卽) 사(史)

---

14) '계(戒)'의 잘못으로 보이나 그대로 둔다.

기(記) 전(傳) 급(及) 유기(遊記) 일기(日記) 등(等)이 차(此)에 속(屬)하니 라

(이(二.)) 서론체(叙論体)는 도리(道理)의 의견(意見)을 표현(表現)하는 자(者)이니 논설문(論說文) 연설문(演說文) 급(及) 명사(名士)의 문집(文集) 등(等)이 차(此)에 속(屬)하니라

문장(文章) 중(中)에 기사체(記事体)를 순용(純用)하는 자(者)는 산천 (山川)의 경개(景槪)와 인사(人事)의 행동(行動) 등(等)을 서(叙)하는 것이 시야(是也)오 우(又) 서론체(叙論体)를 전용(全用)하는 자(者)는 정사(政事) 의 득실(得失)과 인물(人物)의 가부(可否)와 사리(事理)의 곡직(曲直)을 논 (論)하는 것이 이것이라

연(然)이나 우(又) 혹(或) 피차(彼此) 혼용(混用)하는 자(者)이 유(有)하 니 차(此)는 왈(日) 변체(變体) 혹(或)은 혼체(混体)라 하나니라

조선문법(朝鮮文法) 종(終)

대정(大正) 육년(六年) 일월(一月) 십오일(十五日)　　인쇄(印刷)

대정(大正) 육년(六年) 일월(一月) 이십일(二十日)　　발행(發行)　　송비(送費) 이전(二錢)야(也)

조선문법(朝鮮文法) 전(全)

불허(不許)	
복제(複製)	

정가(定價) 삼십(三十)전(錢)

경남(慶南)창원군(昌原郡)내서면(內西面)회원(檜原)오이육
(五二六)번지(番地)

저작(著作)겸(兼)　　　안확(安廓)
발행자(發行者)

경성부(京城府)관훈동(寬勳洞)삼십(三十)번지(番地)

인쇄자(印刷者)　　　정경덕(鄭敬德)

경성부(京城府)관훈동(寬勳洞)삼십(三十)번지(番地)

인쇄소(印刷所) 조선(朝鮮)복음(福音)인쇄소(印刷所)

발행소(發行所)

경성부(京城府)관훈동(寬勳洞)칠이(七二)번지(番地)

유일서관(唯一書館)

경남(慶南)마산(馬山)석정(石町)일일삼(一一三)번지(番地)

백일서점(白一書店)

大正六年一月二十日　初版發行
大正十二年四月二十日　印刷
大正十二年　四月二十五日　再版發行

朝鮮文法
定價金七拾錢

製複許不
法文鮮朝

著作者兼　京城府玉仁洞一五七番地　安　廓

發行者

發行所　京城府南大門通二一七番地　滙東書館

印刷人　京城府公平洞五十五番地　沈　禹　澤

印刷所　京城府公平洞五十五番地　大東印刷株式會社

振替京城七一二番

大達되는 事라하노라

正修
朝鮮文法　終

朝鮮文法

一三七

라건대 氣体萬重하소서 (못조록 曲護하야 주옵)等이 此例
니라

　　第七章　文과字

吾人이文法을學함은言語를統一하고文의書하는法을
一致코자함에在한것이라　言語의統一은即(사투리)를업
새고京城即標準語를使用함이며　言文의一致는即文語
를特立할것이안이라言과文을同一케하는것이라　其中
言과文을同一케함은文法의目的을行함의第一容易한方
法이니　고로吾人이恒常文을書함에對하야此를크게注
意하지안하면안될것이라　그런데近日에는漢字를混用
함은自然의事이니古語를使用함은言文一致를要求함의

누가 잇섯나뇨

(五) 願望의 呼應　文의 中及上에 希望의 副詞가 잇슬때는 其
下에 未來의 語又는 希求助動詞를 置하야 上下相對를 作
하나니라

願컨대萬事가 如意하야지이다

빌건대容恕를밧고자하나이다

바라건대入學할야하나이다

못조록成事되게하겟소

못조록힘써볼이라

或時上에此等副詞를置하야도其下에는命令体의用語
로文을結함이잇스니(願컨대그册을나에게빌니시오)(바

朝鮮文法

一三五

이것은그다지됴치못하다

암만하야도먹을수업다

(四) 未定의呼應　文의中又上에未定語를有할時는其下에
도亦是未定又未來의語를置하야彼此對應하나니라

想컨대이番에는될듯하다

來日은아마비가오겟다

만일優等되거던賞을줄이라

假令죽엇다하면엇지할가

只今은알앗서도잇다가는니질터이라

어느때에왓는가

멧사람이잇던개

只今은 九時五十分이라

(二) 反對의 呼應 文의 中又上에 反動을 表示한 語가 잇슬때는 其下에 相應하는 語를 置하야 其文을 結하나니라

먹은들엇지할가

죽어도못하겟다

아모리잘하야도그와갓티안된다

차라리죽을지언덩소뒤는안되겟다

엇지사람으로서禽獸만못할가

날마다놀거던하물며明節에안놀가

決코물너가지말지라

笑은조곰도픠지안하다

朝鮮文法

一三三

사람을죽인者는살지못하나니라　（自他의混用）

狂風은나무를부러르리고배다리는물에떠이다　（主被의混用）

(二) 時의呼應　一文中에同一한時를語할時는相同한時詞

그가病이들니니싸그제야藥을찻더라　（主被混用）

를用하야一致를成하나니라

비가오매運動會는中止하다

비가오면運動會는中止하겟다

비가온고로運動會는中止하얏다

비가왓드면運動會는中止하얏겟다

來日나는닐직이갈테이라

法의 主要되는 者를 以下에 擧하노라

(一) 動作의 呼應　一文中에二箇以上의動詞가잇슬때는總히同一한動詞를用하나니라

봄은가고여름은오다 (自動의呼應)

運動을맛치고藥를먹는다 (他動의呼應)

내가文法을배화서作文할줄을안다 (主動의呼應)

그가盜賊에게잡혀서財物을쌔앗기다 (被動의呼應)

或時結果를對照함에는混用함도잇나니라

運動을맛치고집에도라가니라 (自他의混用)

사람은안오고消息만들엇다 (自他의混用)

山이문허저서연못을메엿다 (自他의混用)

朝鮮文法

三二一

× 一人은 詩를 咏하나 一人은 文을 讀하다

× 一人은 詩를 咏하고 一人은 文을 讀하다

내가가는것은너를만나고자하는까닭이라

내가너를만나고자하야가노라

此等變換은다彼此同一한思想으로써文勢를交換함이

니 故로文意는變함이顯著치안하나文勢가撓動함에止

할뿐이니라

第六章　呼應法

文中에對하야上下의語를對照關繫하는것이잇스니

이를謂하야呼應이라하나니라　이呼應은定한法則이잇

는고로萬一그를違反하면文이組成치못하나니　그呼應

志士는가을의 落葉을슬퍼한다

×

志士는가을닙희떠러짐을슬퍼한다

(7) 單文과 重文의 變換

×

槿花는고은꽃이라 槿花는朝鮮서난다 쏘滿
洲에서도난다 그果實은업나니라

槿花는朝鮮또는滿洲에서나는고은꽃이니그果
實은업나니라

×

비는오다 바람은그치다

비는오고바람은그치다

(8) 複文과 重文의 變換

朝鮮文法

二二九

白金은黃金보다貴하다

× 黃金은白金과갓티貴치못하다

이것은다른것보다크다

× 다른것은이것갓티크지못하다

(5) 感歎과叙述의交換

此山의險峻함이여

× 此山은참險峻하니라

爽快한音樂소리여

× 音樂소리가참爽快하다

(6) 單文과複文의變換

＜國文은어렵다 그러나英文갓티는어렵지안타

一二八

(2) 肯定과 否定의 變換

× 吾人은 法律을 알 것이니라

× 吾人은 法律을 알지 안이치 못할지라

× 小白山은 낫다

× 小白山은 놉지 안타

(3) 疑問과 叙述의 變換

× 大人은 苟且를 避하는가

× 大人은 苟且를 避처 안나니라

× 이것이 文法인가

× 이것이 文法이니라

(4) 比較와 表準의 交換

朝鮮文法

二二七

二六

文章構造의 種類에 就하야는 以上에 이미 言示한지라

然이나 文의 構造는 思想의 發表와 親密한 關系를 잇나니

故로 思想을 發表함에는 境遇에 應하야 勢力의 輕重緩急이

잇는바 文은 即其勢力 如何를 準適하야 其構造를 故意로 變

換함이 잇는지라　其變換의 法은 八種이니　以下에 示하

노라

(1) 主動과 被動의 變換

× 甲이 乙을 부르다

× 乙이 甲에게 불니다

× 바람이 나무를 부러 트리다

× 나무가 바람에 부러지다

하야 ※第一等으로 信地에 到着하니라

第一節(屬)
第二節(主) ── 複文(屬節)
第三節(屬節)
第四節(屬) ── 複文(同位)
第五節(主)
第六節(同位) ── 重文(主節)

複文

大盖 混合文의 結構上 變化는 重文을 包含한 複文에 多하고 複文을 包含한 重文에는 少하니 學者는 此를 注意할 것이니라

朝鮮文法

第五章　文章構造의 變換

一二五

○¹甲童이더욱心力을盡竭하야²試驗에應하야³겨우及第
에登하얏더니⁴그學校가不意에廢止되매⁵卒業을成치
못하고⁶고만退校하니라

第一節(同位)
第二節(同位)———重(屬節)———文
第三節(同位)

第四節———(屬節)
　　　　　　　　　　　　　　———文———複———文
第五節(同位)———重(主節)———文
第六節(同位)

○英人이乘한²自轉車가速力으로다라날째에여러사람
○이追走하는中에嚴福童이乘한自轉車가엽흐로突出

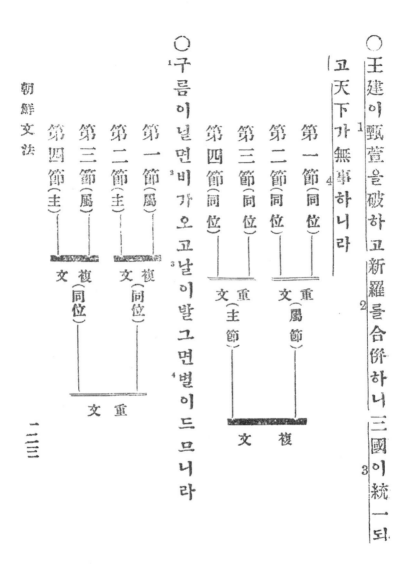

重文에는 其諸節의 用語가 同一할 時는 其反覆을 避하야 短縮의 形을 取함이 잇스니 （죽 도밥도안되다）（집도절도업는사람이라）等의 例가 是니라

第四節　混合文

混合文은 複文과 重文을 合하야 一篇을 成한 者니　이는 用途가 多大하야 長篇文章의 票準이 되는것이니라

○君子가 貧寒하고 小人이 富饒함은 亂世의 狀態니라

○비가개이고바람이자지면 學生이 運動을 잘하겟다

第一節（同位）
第二節（同位）　重文（屬節）
第三節　——————（主節）
複文

重文이라하는것은二箇以上의同位節로成한者니　即

主屬의別이업시同等의節이相連한것이라　이同位節이

連接함에는(고,며,오)等助詞와(또한)等接續詞를含하나니라

비도오고바람도분다

山은높고물은깁다

甲보다는乙이小하며乙보다는丙이小하니라

그들이춤을추고或은노래를부르더라

바람이불고서나가오

金剛山은朝鮮에第一名山이니江原道에잇나니

라

더도사람이오나도사람이라

一三一

內部에入하야明瞭히其一部分을形成하는同時에主節과

結合이甚히緊密하며　副詞節은其趣를異하니　主節의

內部에入하야容易히主節과離別하기不得할處地에位하

니라

複文도亦是單文과如히省畧함이잇스니

鸚鵡는말을하나(　)鳥類됨을不免이라……(鸚鵡는

甲은글을닐그나乙은(　)안늑는다…………(글을)

(　)鳥類로되鸚鵡는能히말을한다…………(鸚鵡는)

此等省畧의法은혼이同一한主語又客語를用할時에其一

을滅畧하나니다

第三節　重文

이것은 本處에 도업는 것을 내가 힘써 求하얏네

複文의 中에는 二箇以上의 屬節을 含함이 잇스니　此를 以

이사람이 財産이 잇는 限書籍을 산다

下에 示하노라

時間은 되엿스나 說明이 남은고로 學生들이나
지안는다

學生의 글닑는 소래가 다하기까지 敎師가 거긔섯
더라

자네가 그를만나거던 暫間이리오라고 말을닐너
주게

그 屬節의 位置를 論하면　名詞節과 形容詞節은 主節의

朝鮮文法

二九

多能은君子의恥하는바이라

崔致遠이加耶山에入한後의消息은仔細치못하다

副詞節

밤은깁헛지만은車馬의往來가頻繁하다

甲은元山으로갓스나乙은義州로가니라

工夫를잘한고로優等이되얏다

甲童은밤이깁도록冊을보다

눈이써힌속에서보리가낫다

老兄이안윗드면내가갓섯겟소

일은갓지안하나理致는一班이라

自古로어진사람의富饒함은드므니라

圖書舘의設備함은只今에始有한것이안이니라

나는歐洲大戰이잇섯던것도알지못하얏노라

나는明日은비가올것이라고生覺한다

敎師가學生에게對하야二의三倍는얼마냐고뭇는다

이노래는薛聰이作한것이니라

이노래는靑山裡碧溪水라는洪耳溪의詩에依作한것이라

形容詞節

사람사람은自己가먹은뜻을行할것이라

朝鮮文法

一二七

오)又(모르오)라고만함가든것들이라

此와如히成分의其一을減約할샌안이라或如何한境遇

에는適當의詞를排列치안코又는其順序를轉換함도잇는

지라　이는餘情을言外에求할目的으로써文의必在成分

을故意로缺損하는것이니　　歌格言俚諺　又或切迫한感

情을出하는語句等이是라

　　第二節　複文

複文이라하는것은二箇以上單文을連結하야된것이니

即數箇의屬節을有한것일새　其屬節의種別은名詞節形

容詞節副詞節　의三種이잇나니라

　名詞節

客語 ┐
補語 ├ ……… 一句의 中位
屬語 ┘

屬語 ……… 各語의 上位

其成分에 對하야는 語脉을 隨하야 其數가 一定치안하다 然이나 如何히 複雜한 文이라도 主客用語가 不入하는 法은 업는지라 此도 또한 實在에 對하야는 往往 其一或二를 省畧하는 일이잇스니 이는 意味가 明瞭를 損치안할 境遇도 는 談話之間 또는 修巧를 加할 時等에 在하야 闕畧하는 것이라 例如(老兄이 文法을 아시오)라 할것을(老兄이)의 主語를 省畧하고 單文法을 아시오라 함갓티 又其答에(나는 文法을 모르오)라 할것을(文法을)의 客語를 省畧하고 單(나는 모르

朝鮮文法

一二五

今年도 움사이예 지나가다

犬은 疾風갓티 다라난다

모든 病은 不養生에서 起하나니라

더이는 遠方에서오는 사람이라

나는 昨日義州로부터京城에 歸來하다

朝鮮서가장만히사람에게알게된山은 白頭山이라

單文의 各成分은 一定한 位置가 有하야 排列의 順序를 違키不可하니라

主語……一句의 首位

用語……一句의 末位

學生이 英語를 讀하다

비가 울터이라

이것은 滋味잇는것이라

근심함은 苦痛이라

꼿을求景함은 快樂이라

싸지는 動치안하는助詞의一이라

너의얼골은 너의父親의얼골과 갓다

當身은 나에게書冊을返還할것을 니젓는가

한눈파는學生도 잇다

或者는 不老草라는藥을 求하더라

朝鮮第一의名山이 金剛山이라

二三

(2) 疑問文　疑質의 意를 發하는 者

(3) 命誡文　禁止戒飾의 意를 表하는 者

(4) 希望文　要求의 意를 表하는 者

(5) 感歎文　感情을 表하는 者

章論에 對하야는 叙述文을 標準하나니라

吾人이가장普通으로用하는 文은 叙述文이니　故로 文

第一節　單文

單文은 單節로 組織된 文을 謂함이니　其文句는 第一成

分第二成分으로되며　其用語에 就하야는 名詞代名詞 又

形容詞로도 構造되나니라

바람이　불다

文의 全篇에 就하야 區別할진대　構造上區別과 性質上

區別의 二類가 잇나니라

(一) 構造上區別　語脉의 單純함과 複雜함에 依하야 四種이

잇나니라

(1) 單文　一箇의 主語와 一箇의 用語로 된 者

(2) 複文　二箇 又 二箇以上의 單文이 相結하야 主從의 關

系를 含한 者

(3) 重文　同位節로 成한 者

(4) 混合文　複文과 重文을 雜結한 者

(二) 性質上區別　思想을 發表함에 依하야 五種이 잇나니라

(1) 叙述文　宣明하는 者

朝鮮文法

一二一

甲童에게준것은이册이라 ——（名詞句는 主客語에 在

……자네에게돈바들것을나젓다）

（二） 節 은完全文의相結한者를分別한것이니 同位節과

屬節의別이잇나니라

梅花가——픠고——새가——울다

눈이——오고——바람이——붇다

달이발그면——（屬節）별이드믈다

甲軍은敗하얏스나——（屬節）乙軍은너졋다

同位節은即兩節이何等差別의意思가업는것이오 屬

節은即他節의條件的從位됨을謂한것이니라

第四章　文의種類

（晴明한日氣）

（東便에서西便싸지）

此句는充分한文의形體를具치안한것이나 語脉의價

値는有한것이니 此等句에는形容詞句,副詞句,又名詞句,

의稱이잇나니라

滿洲에잇는同胞는……

朝鮮의地理上狀態를……

멀고깁흔바다로……

지난二月에東萊로갓다

오늘싸지三年만에돌아오다

昨日갓티기다렷다

形容詞句는
主客屬三語에在

副詞句는
用補語의屬語에在

朝鮮文法

一〇九

山과 水에 엇던 것이 됴흔가

소인지 말인지 무엇이 보인다

以上第二成分은 其所要의 程度가 第一成分과 如一치 안

하나 오히려 그것이 成文에 對하야는 緊要한 것이니라

第三章 句와 節

一篇의 文章은 前章에 示한 諸成分으로 되는지라 然이

나 一篇文章內에는 主用語의 區別이엽는 部分과 또한 數箇

의 主用語가 相集한 部分이잇스니 此의 區別을 指하야 句

와 節이라 하는 것이니라

(一) 句 는 完全한 文을 成치안한 詞의 集合이라

　　(學校에 徃來하는 兒童)

그 補語의 作用은 主語와 用語의 中間에 在하야 其關係를 緊密하나니라

(三)屬語 는 主語,用語,客語補語等의 上에 在하야 其語를 修飾制限하는것이니라

푸른 꼿이 피다

꼿이 모도피다

내가 됴흔사람을 맛낫다

어름은 찬물로 되나니라

(四)獨立語 는 特別한處格에 在하야 主語及用語等에 總關係를 有한것이라

日氣는 가을이 서늘하다

朝鮮文法

一〇七

漁夫가　낙시를　물속에　더지다

喜順이　繡를　手巾에　놋타

此와如히客語가둘이잇슬境遇에는　(에게)(에)吐를伴하

는者를第二客語라하고　(을)(를)吐를伴하는者를第一客語

라하나니라

(二)補語　用語가自動詞로될時에其意味를分明키爲하야

要求하는者이니라

물은　나즌데로　흘너가다

장마는　여름에　지나니라

비는　구름으로　되나니라

꼿이　古木에서　픽다

第二節　第二成分

長文에在하야는他의成分이又有하니　客語,補語,屬語,

獨立語等이是니라

(一) 客語 는文中의賓格이되는것이니　用語의目的語를

謂함이라

學徒가　體操를　배호다

내가　茶를　됴하한다

고양이가쥐를　잡는다

萬一用語가他動詞로될時는二箇의客語를要함이잇스니

乙童이　붓을　甲童에게　주다

臣下는　人君에게　忠誠을　다하다

第一節　第一成分

文은 長短이 也有한지라　其 長文에 至하야는 其 語數가

無限이로되 其成分으로 必須되는 것은 겨우 二에 在하니라

其一은 叙述의 主張되는 者오 他一은 即 其叙述하는 者니

前者를 主語라 하고 後者를 用語라 하나니라　例如

主語　　用語

개가 —— 짓다

새가 —— 날다

바람이 —— 불다

此二者는 如何한 短文이라도 必備치 안이기 不可한 것이

니라

第三編 文章論

第一章 文의 定義

吾人의 言語는 口語와 文語를 勿論하고 諸元詞의 孤立的 存在로 成하는 것이 안이오 種種單語의 秩序的 集合으로 成하는 것이니 이單語의 秩序的 集合을 文또文章이라하나니라

그런데 秩序的 集合이라하는 것은 오직 文法에 俳遵한 集合의 意만안이오 一箇의 思想을 完全히 表出한 幾多單語의 集團을 指한 것이니라

第二章 文의 成分

여보(見此)…………呼人語

혼나다(魂出)………驚

홀아비(獨父)………鰥

接頭語와 接尾語는 其數가 頗多하다 然이나 吐의 一種에

不過한 것이오 熟語라하는 것은 意味가 잇는 것으로 慣用

하야 된것이니라

(二) 接尾語　는語末에接하야一語를成하는것　例如

（군）　일군、　나무군、　모군군

（개）　베개、　덥개、　쓰개

（긔）　여긔、　더긔、　거긔

（것）　이것、　그것、　더것

（히）　속히、　급히、　족히

（스름）　누르스름　호유스름　검으스름

(三) 熟語　는二語又二語以上이合하야他의意味를假作하

는 것　例如

뒤보다(後見)………放糞

도라가다(臨)………死

一〇一

第十一章 別種의 語

右諸章에 示한 十種元詞는 單語의 區別이라 然이나 其 元詞外에 特種語가 잇스니 卽接頭語接尾語熟語等이 是 니라

(一) 接頭語

接頭語 는 語頭에 接合하야 一語를 成하는 것 例如

(애) 애초, 애시, 애전,

(맨) 맨나종, 맨몬저, 맨뒤,

(갓) 갓스물, 갓왓다, 갓먹엇다,

(새) 새신, 새집, 새것,

(싯) 싯푸르다, 싯검다, 싯누르다,

(당) 당대, 당신, 당년,

그런데 助動詞의 變法은 複體가업나니 이것을 注意할

하(爲)　하여,…… ）……原格

지(作)　저려 ……）

처(打)　처려 ……）

기리(勵)　거려 ……）曲原格

표뛰(迴)　뜨려 ……）

안(不)　안아 안으 ）…… 支格

고십(欲)　고십허 고십흔 ……曲支格

말(莫)　말어마우 ）

답(如)　다워다우 ）…… 變格

먹듯하다

갈인듯하다

助動詞의 種類는 大抵 右와 如한대 其數爻는 極少하니

此를 注意할것이니라

（註） 在來 種種의 文典에는 助動詞가 업는 것으로 論한지

라 然이나 本來 助動詞는 動詞가 轉來한 것이만혼지라

是以로 無한것으로 推知하기 容易하니 學者는 맛당히

注意할것이라

第二節 助動詞의 變化及用法

助動詞는 其語尾가 變하는바 其變法은 形容詞와 同一하

니

라

（宀三）둣한

比較의意를表하는것

가른둣하다

삭근둣하다

먹을둣하다

먹는둣하다

（宀二）버리

濟成의意를表하는것

가지말자라

니저버리다

널허버리다

삭어버리다

먹어버리다

九七

먹지못하다

주지못하다

먹지안하다

주지안하다

안먹다

안주다

못주나

못먹다

못주나

(十)

[말]

防制의意를表하는것

가지말어라

쓰지말것이라

九六

가고자하——다

눕고십——다

가고십——다

(八)「번하」「보」 推測想像의 意를 成하는 것

잡을번하——다

죽을번하——다

갈번하——다

가나보——다

먹은가보——다

먹을가보——다

(九)「안」「못」 語의 或前或後에 置하야 否定의 意를 表하는 것

朝鮮文法

九五

(六)「지」 他動詞에 合하야 自動詞 又 被動詞를 成하는 것

쩌러뜨리——다

문허뜨리——다

깨뜨리——다

찌저뜨리——다

쓸어지——다

해여지——다

넘어지——다

써러지——다

(七)「고십」「고자하」 希望의 意를 表하는 것

눕고자하——다

〔三답〕「스럽」名詞에 熟合하야 形容詞를 作하는 것

정답——다

아름답——다

사람스럽——다

잡스럽——다

〔四녁이〕副詞又形容詞에 合하야 特種形容詞를 成하는 것

크게녁이——다

올케녁이——다

깃버녁이——다

섭섭히녁이——다

〔五〔트리〕或種의 自動詞에 合하야 他動詞를 成하는 것

九三

(二)〔친〕〔하〕 名詞 或 動詞 形容詞에 熟合하야 自動詞 또는 形容詞로 成하는 것

삭하——다

망하——다

상하——다

시작하——다

깃버하——다

삭치——다

망치——다

겹치——다

넙치——다

助動詞는 其外形 及 役用에 就하야 以下 十二類에 分하니

(하) 미워하다、 상하다

(지) 헤여지다、 메지다

(거리) 흔들거리다、 머뭇거리다

(으리) 새으리다、 떠러으리다

라

(一) [거리] 象形音 叉 或 種動詞에 熟合하야 自動詞를 成하는것

동동거리ㅡ다
홀넝거리ㅡ다
머뭇거리ㅡ다
주물너거리ㅡ다

朝鮮文法

九一

하옵나잇가……함닛가,

하옵……하게,

此等助詞는同意인것이라도用處가各有하야(하며)할時

와(하고)할時가殊異하나니 이는修辭法이發達함에서生

한것이니라

第十章　助動詞

第一節　助動詞의定義及種類

助動詞라하는것은助詞의一種으로語尾가變化하는것

이오 또한動詞形容詞又는他語에附하야其意義를助役

하는것이니라

곽，이，을，은……有尾音語下에

와，가，를，는……無尾音語下에

(三) 文語와口語에通用치안는것

文語　　　　　　口語

에………………한테더러，

와곽……………하고，

매니……………니싸，

고로……………길내기에，

하야……………해서，

뇨………………냐，

소서……………시오，

하옵나이다……합니다，

一箇吐가數種意味를含함도잇스나大룛은上示함에不

外하니라

第二節　助詞의用法

助詞는同意의語라도被助의語形을따라其用法이各異
하니　其法은三類가잇나니라

(一) 語末音에밧팀이有할時는(으)나(이)의間音을要하는것

며
가며……먹으며
대며……먼으며

니
가니……먹으니
깸이으니

나
가나……밥이나
마루나

라
코나……쌤이으나
마시라……으라
조희라……웃이라라

(二) 同意의語로서밧팀有無를따라各異한것

反對　나、　면서　다가　던지、

나、　죽、　되、　들、

라도、　면、　언뎡　만은、

(三) 結了　는 語意를 終結하는 것

疑問　낫、　가、　냐、　지、

命令　랴、　오、　진뎌　소서、

肯定　라、　다、　니라、　노라、

感動　여、　도다、　로다、

(四) 度量　은 忖度의 意思를 表하는 것

보다、　세리、　싸지、　만콤、

들、　뿐、　만、　식、

主格　이 가　　　게서

客格　을 를

目的格　의

辨格　은 는

與格　에 에게 게

從格　으로 로

連格　에서 에게서

呼格　아 야 여

(二) 接續　은一語句를他語句에連接케하는것

同接　과 며 고 오

關連　니 서 도 매

第一節　助詞의 定義及種類

助詞라하는것은 各種元詞의 下에 加添하야 其語의 趣意

와 關係를 定하는말이니　或曰吐라하나니라　例如

이、　는、　을、

가、　뇨、　니、

며、　면、　오、

죽、　되、　라、

等이니 吐는 實相文法의 重要한 職能을 有한것이니라

助詞의 種類는　位格、接續、結了、度量等 四別이잇

나니라

(一) 位格　은 名詞의 位置와 資格을 定하는것

朝鮮文法

八五

엽새——다、

(五) 名詞로 轉成하는 法이니　(ㅁ)(ㄱ)等間音을 合하야 되나니

或種의 形容詞는 動詞로 轉成치안는 것도 만흐니라

라

크⋯⋯⋯⋯⋯⋯큼

크⋯⋯⋯⋯⋯⋯크기

좀⋯⋯⋯⋯⋯⋯좁음

좀⋯⋯⋯⋯⋯⋯좁기

或(이)音·과 合하야 되는 것도 잇스니　(크⋯키)(놉⋯놉히)等

가른 것이 是니라

第九章　助詞(吐)

(三)

說明法이니　他語下에置하야終了하는것이라

적어ーーーー간다

클ーーー가　적을ーーー가

크겟ーーー다、　적겟ーーー다

적ーーー다、　적으ーーー니라

크ーーー다、　크ーーー니라,

(四)

動詞로轉成하는法이니　複體間音으로變하야되나니

불기ーーー다、　좁히ーーー다

기울니ーーー다、　둥글니ーーー다

굽어지ーーー다、　빗겨지ーーー다

라

朝鮮文法

八三

쓴——담배, 쓴——것,

좁은——뜰, 말근——것,

쌀——것, 클——킷,

저울——것, 말글——쌔,

(二) 合用法이니　副詞가되야　動形詞上에　置하는　것이라

크게——만들다

적게——된다

깁히——파다!

적이——깁브다

달아서——됴타

짜서——못먹겟다

무섭(恐)　무서워　무서우

쉽 (易)　쉬워　쉬우

해롭(害)　해로워　해로우

形容詞의 活用은이와 갓타 五種이되고 그變하는 支體

에 對하야 複體列로 變합이잇스나 이는 語意가 全變하는

것이니라

　第三節　形容詞의 用法

形容詞의 用法은 動詞와 近似하니 以下에 示하노라

(一)　合體法이니　時의 間音으로 發用하야 名詞上에 置하는

것이라

　큰──집、　큰──것、

(五) 變格

깁(深)　깁허　깁흐

그르(誤)　글너　글느

다르(異)　달나　달느

빠르(速)　쌀나　쌀느

모질(惡)　모질어　모지

기울(傾)　기울어　기우

드물(稀)　드믈어　드므

곱(美)　고아　고으

낫(優)　나아　나으

가렵(癢)　가려워　가려우

朝鮮文法

굿（堅）	늣（晚）	갓（如）	얏（淺）	돗（好）	국（粗）	늑（老）	졉（少）	실（厭）	널（廣）
구더	느저	가타	야타	됴하	굴거	늘거	절머	실혀	널버
구드	느즈	가트	야트	됴흐	굴그	늘그	절므	실흐	널브

七九

(三)支格

낫브(不足)　낫버

슬프(哀)　슬퍼

어리(幼)　어려

셔리(忌)　셔려

설피(稀)　설피　셜퍼

더듸(遲)　더듸어　더듸여)

적(小)　적어　적으

약(智)　약아　약으

검(黑)　검어　검으

좁(狹)　좁아　좁으

七八

(一) 原格

차 (寒) ……
짜 (鹹) ……
싸 (廉價) ……
날세 (飛如) …… 〕第一
희 (白) 희여
븨 (虛) 븨여 〕第二

(二) 曲原格

크 (大) 커
쓰 (苦) 써
차지 (粘) 차저

七七

길어(長)、　짤나(短)、

빗둘어(橫)、　바로(正)

等이是니

動詞와갓티 其語尾가 變化하는 것이니라

形容詞의 變化하는 法은 그 支體가 三으로되니

　　第二節　形容詞의 變化

굽
　(一)……다……單體
　어……서……連體
　으……니……轉體

그 活用되는 語尾의 變化는 正히 動詞와 相同하야 三種이

잇는지라 然이나 其支體中에는 複體라하는 것이 當치 안

하니라

노라

第八章　形容詞

第一節　形容詞의定義

形容詞라하는것은事物의貌樣과性質을謂하는것이니

例如

커（大）、　적어（小）、

검어（黑）、　희여（白）、

놉하（高）、　깁허（深）、

달아（甘）、　짜（鹹）、

밧버（忙）、　슬퍼（哀）、

차（寒）、　더워（暑）、

朝鮮文法

七五

詞와合하나니다

가―고자하다

먹―고자하다

가―고십다

먹―고십다

(六) 禁止 는 禁斷의 意를 表하는 것이니 (지) 間音 下에 (말) 이

라하는 助動詞를 合하나니라

가지―말아라

먹지―말지라

쓰지――말일

以上 六條 外에 또한 여러 가지가 잇스나 그는 後章에 示하

合하며　또는(자)吐를 合함과　(지)間音下에여러吐를 合함

이잇나니라

먹어——라
써——라　｝
비겨——라　｝（라）吐와合하는法

자——자　｝
먹——자　｝（자）吐와合하는法

갈지——어다
갈자——니라
갈진——더

(五)
希望

朝鮮文法

은 求願의 意를 表하는것이니(고자하)(고십)等 助動

七三

갓ㅡ(가난요)

갓ㅡ나뇨 (갓난요)

가ㅡ나

갓ㅡ나 〉(나)吐와 合하는 法

가ㅡ나

가ㅡ껏나

가ㅡ지

갓ㅡ지

갈ㅡ지 〉(지)吐와 合하는 法

가던ㅡ지

(四) 命令 은 시기는 意를 表하는 것이니 連体列에 (라)吐를

(못먹는다)等이 此例니라

(三) 疑問 은 疑心과 問對의 意를 表하는 것이니 (가)(잇가)(요)

(나)(지)等吐를 合하나니라

가는——가

갈——가

갓는——가

갈——잇가

　(가)吐와 合하는 法

가——요

가더——뇨

（가던요）

가——나뇨

　（요）吐와 合하는 法

七一

잔──지라

갈──지라

가는──지라

갓슬──지라

} (지라)吐를 入하는 法
(지)

(二) 拒否 는 不然拒絕의 意를 表하는 것이니, 單体쩨에(지)間音을 合하고 다시(안 하)(못 하)等 助動詞를 合하나니라

배호──지──안 하다

배호──지──못 하다

적──지──안 하다

적──지──못 하다

적──지──못 하다

그런데 一法은 (안)(못)을 動詞上에 合하기도 하니(안 배 호 다)

動詞와 그 動作의 各色意思를 表示함에는 竝에 六法이 잇스
니 指定,拒否,疑問,命令,希望,禁止 等이이것이니라
(一) 指定 은 說明과 或 指定의 意를 表하는 것이니 (다) (라)
(지라)等吐를 合하나니라

가 ── 다
갓 ── 다 } (다)吐를 入하는 法

가겟 ── 다
가더 ── 라
갈 ── 이 라
가 ── 니 라
── (간이라) } (라)吐를 入하는 法

六九

죽으ㅡㄴㅡ사람
가ㅡㅣㄴㅡ때 }……過去

죽ㅡㅡ든ㅡ날……準過去

죽엇ㅡ슬ㅡ사람……過未來

죽으ㅡㄹ야든ㅡ날……準過未來

죽엇ㅡ는ㅡ지라……遠過去

죽엇ㅡ든ㅡ사람……準遠過去

以上時別은動詞變化의一種으로서또한重要한法이니

라

動詞의變化는支體와支體의發用等에말하얏거니와

第七節 動詞의用法

먹더——라…準近過去

먹엇껫——다…過未來

먹겟더——라…準過未來

먹엇섯——다…遠過去

먹엇더——라…準遠過去

(二) 分時는時에對한想像을含한것이니 恒常他語上에連合하는것이라

죽——는——사람 …現在

가——는——째 …現在

죽으——ㄹ——사람

가——ㄹ——째 …未來

六七

過去　連體列이엽는者는(ㅅ)音이直接으로合하고、連
體列이잇는者는그連體列下에(ㅅ)音이合하야됨

가ーーㅅーー다
파ーーㅅーー다
서ーーㅅーー다
주어ーㅅーー다
먹어ーㅅーー다
담아ーㅅーー다

그런대過去는그期限의程度가多樣이되는지라　고로

過去를更別하야六種이잇나니라
먹엇ーーー다……近過去

朝鮮正法

未來 (펫)音을合하야됨

걷ㅡㄴㅡ다
살피ㅡㄴㅡ다
받ㅡㄴㅡ다
잡ㅡㄴㅡ다
신ㅡ는ㅡ다
죽ㅡ는ㅡ다
쓰ㅡ겟ㅡ다
가ㅡ겟ㅡ다
먹ㅡ겟ㅡ다
잡ㅡ겟ㅡ다

六五

드리ーー오ーー이다

動詞의各種事情을表함에는以上四種外에助動詞를合하
야되는것이잇스니　그는助動詞論에示하노라

㉑　　第六節　動詞의時

動詞가그動作의表現하는時期를謂함에는原時와分時
의二別이잇나니라

(一)原時　는現在、過去、未來의三時를完示하는것
　現在　語末音에尾音即밧팀이업는者는(ㄴ)音、밧팀
　이잇는者는(는)音이合하야됨

가ーーーㄴーーー다
주ーーーㄴーーー다

절구가 (굴녀지)다

글씨가 (씌여지)다

或時連體列에(지)를直合하야(찌저지다)(문허지다)(떠러

자다)等으로됨도잇나니라

(四) 崇敬動

보—시—다

가—시—다

무르—시—다

잡으—시—다

가—오—이다

보—오—니

은謙恭을表하는것이니(시)(오)等으로複體를作

안나니라

使動　　　　　被動

신을(신기)다 ……… 신이(신기)다

뜰을(쓸니)다 ……… 뜰이(쓸니)다

실을(감기)다 ……… 실이(감기)다

몸을(씻기)다 ……… 몸이(씻기)다

被動은 複體列이 連體로 되야다시 助動詞(지)를 合하야 됨이

잇나니라

뜰이 (쓸녀지)다

실이 (감겨지)다

문이 (닷텨지)다

(三)
被動

冠을 어른에게 (씌)다

은 受役또는 自然으로 動하는 것

실이 (감기)다
몸이 (씻기)다
갈이 (갈니)다
못이 (박히)다
돌이 (접히)다
길이 (되)다

被動도 亦是 複軆로되는 것이나 他動詞가 自動詞로되는 것이나 그런데 複軆列은 使動도되고 被動도되야 變形이업스나 使動은 目的의 名詞를 要하고 被動은 그를 要치

朝鮮文法

六一

(一) 主動　은能爲의作用

그이가　(죽)다

새가　(살)다

비가　(오)다

捕手가　총을　(쏘)다

앗씨가　빨내를　(씻)다

장사가　物件을　(외)다

(二) 使動

은他를식이는作用이니複體列로되는것

신을　아해에게　(신기)다

뜰을　모군에게　(쓸니)다

畑을　소에게　(닐키)다

學生이 글씨를 (쓰)다

政客이 時勢를 (살피)다

숙수가 飮食을 (만들)다

自動詞가 或境遇에 在하야는 他動詞됨이잇스니 例如

(웃다) (불다)하는 것은 自動이나(甲이乙을웃다)(내가불을불

다)하면 그形은同一이되그性은各異함이是니라

第五節 動詞의態

動詞가間音과助動詞를合하야 種種의事情을現함이잇

스니 이는主動、使動、被動、崇敬動의四別이니라

動詞의事情上區別 ｛主動 使動 被動 崇敬動｝

五九

朝鮮文法　　　五八

(一)
自動詞　는그動作의主가自己一個에止하는것

말이　(다라나)다

물이　(호르)다

花草가　(자라)다

달이　(뜨)다

여호가　(울)다

열매가　(열)다

(二)
他動詞　는그動作의主가他事物에推及하는것

닭이　홰를　(타)다

兒孩가　옷을　(닙)다

내가　冊을　(보)다

此複體列은重複變化가되는것이니詳察이可하니라

(1) 먹엇서스ㄴ

(2) 멱겟서스ㄴ

第四節　動詞의性

動詞는그動作이他에對한推及與否를從하야自動詞와
他動詞의二種으로區別하니라

動詞의性質上區別 { 自動詞　他動詞

五七

（ㄴ）過去의意　먹은, 웃우, （쓴）、

（ㄹ）未來의意　먹을, 웃을, （쓸）、

（ㅁ）名詞로變　먹음, 웃음, （씀）、

（ㅅ）敬意　먹으시, 웃으시, （쓰시）、

其外（소서）、（나）、（매）、（면）、等吐를 合用하나니라

（四）複體列　은 新語原이되야다시諸種變化로生하는것이니

이는連體單格으로變하나니라

먹이ー다, 먹（여）라, 먹이ー니,

웃기ー다, 웃（겨）라, 웃기ー니,

씨ーー다, 씨（여）라, 씨ーー니,

此複體는其外에通規의數種이잇나니라

야用하나니라

(二) 連體列　은語의 本意를 表하는列이니　此에는　라、

서、人、야等을 合用

（라）　命令의意　먹어라、　웃어라、　써라、

（서）　決定의意　먹어서、　웃어서、　써서、

（人）　過去의意　먹엇、　웃엇、　엇、

其外（도）、（야）等吐를 合用하며　또한他動詞와 合하니

（먹어보다、（웃어주다、（써버리다、等이是니라

(三) 轉體列　은語末音에 밧팀잇는者에 限하야되는것이니

此列에는　오、　ㄴ、　ㄹ、　ㅁ、　시、　면、　等을 合用

（오）　平述의意　먹으오、　웃으오、（쓰오）、

格					
擧	들	…	들어	드	들니

第三節　支體의 發用

一般動詞는 上節에 示함과 갓티 四列로 變化되는지라

그 四列의 用法은 또한 各列에 依하야 各異하니　此를 以下

에 示하노라

(一) 單體列　은 他의 間音이 入치안코 直接으로 吐를 合하는

列이니　此에는 다、기、게、고等을 合用

　　(다)　不定의 意　먹다、웃다、쓰다、

　　(기)　名詞로變　먹기、웃기、쓰기、

　　(게)　成立의 意　먹게、웃게、쓰게、

其外(고)、(고나)、(거널)、(나)、(도다)、(노라)、(되)等吐를 合하

格　變			格　支　曲					格　支		格
10			9	8				7		6
舉	得	爲	養	混	括	付	聞	死	溶	立
들	어ᄃ	하	가르	서ㄲ	그ㄹㄱ	부ㄷㅅ	드ㄹㅅ	죽	녹	스
…	엇	…	…	석	국	붓	듯	…	…	…
들어	어머	해하여,하야	길너	석거	글거	브터	드러	죽어	녹아	서
ᄃ	어ᄃ	…	길느	석그	글그	부트	드르	죽으	녹으	…
들너	…	…	길너	석기	글키	붓터	들너	죽이	녹이	시

라

以上活用하는諸狀態를槪括하야一覽에示하면如左하니

들 (擧) 들어 드 들니

格次	原	原	原	格	曲	原	原	原
	1	2	2	3	4	5	5	5
意語	往	授	擔	見	出	負	來	飾
本單體	가	주	매	보	나	지	오	꾸미
連體	⋮	주어	매여	보아	⋮	저	와	꾸며
轉體	⋮	⋮	⋮	⋮	⋮	⋮	⋮	⋮
複體	⋮	⋮	⋮	보이	내	⋮	⋮	⋮

(五)

變格　右四法外에 變하는 音

借 빌	鋪 쌀	連 닛	起 닐	入 들	詠 읍	擇 고르	繼 깁	得 둡	助 둡	爲 하
빌어	쌀아	니어	닐어	들어	을퍼	골나	기어	어더	도아	하여 하야 해
비셔	쌔	니으	니	드 를프		골느	기어 드	어드	도으	하야 도으
빌니	쌀니	닛기	닐이기	들이기						

맷(結) 매저 매즈 맷치

찟(裂) 찌저 찌즈 찟기

좃(從) 조차 조츠 좃치

붓(付) 부터 부트 붓치

맛(任) 마타 마르 맛기

놋(放) 노하 노호 노히

샃(積) 싸하 싸흐 싸히

씻(春) 찌허 찌흐 씻기

기르(養) 길너 길느 길니

구르(轉) 굴너 굴느 굴니

흐르(流) 훌너 훌느 훌니

五〇

듯(聞)	싯(載)	억(攝)	극(括)	안(坐)	석(混)	슨(切)	덥(覆)	닷(閉)	뭇(墳)
드러	시러	얼거	글거	안자	석거	슨허	덥허	다다	무더
드르	시르	얼그	글그	안즈	석그	슨흐	덥호	다드	무드
들니	실니	얼기	글기	안치	석기	슨히	덥히	닷티	뭇티

朝鮮文法

•

四九

녹(溶)　녹아　녹으　녹이

죽(死)　죽어　죽으　죽어

신(着屨)　신어　신으　신기

안(抱)　안아　안으　안기

감(捲)　감아　감으　감기

품(懷)　품어　품으　품기

닙(被)　닙어　닙으　닙히

업(負)　업어　업으　업히

벗(脫)　벗어　벗으　벗기

웃(笑)　웃어　웃으　웃기

(四) 曲支格

支格의 밧팀이 變하거나 그 밧팀에 他母音을 合

(三)支格

朝鮮文法

末音에밧림잇는者로서間音을加添하는것

四七

차(蹉)　⋮　⋮　채）

지(賁)　저　⋮　⋮

오(來)　와　⋮　⋮

씬(消)　새　⋮　⋮

굿기(死)　굿겨　⋮　⋮

싹미(飾)　싹며　⋮　⋮

방이(控)　방여　⋮　⋮

그리(畵)　그려　⋮　⋮

第二

뜨(浮)　떠　⋮　띄

스(立)　서　⋮　싀

第三

나모라(賣)∴ …⎫

사(買) … …⎬ 第一

의(交) 의여 … …⎫

매(擔) 메여 … …⎬ 第二

주(授) 주어 … …

보(見) 보아 … 보이⎫

밧고(換)밧고아… 밧고이⎬ 第三

原格의 本母音이 變하는 것

싸(包) … 쌔⎫

나(生) … 내⎬ 第一

사(孵) … 새

(二) 曲原格

動詞는其用法上異同을짜라그語尾가諸種支體를生하

는法이잇스니　例如

먹

(一)　다……………單體

어 ─ 보다……………連體

으 ─ 니……………轉體

이 ─ 다……………複體

等과갓티動詞가他語와合할時各種間音을入하는것이라

그런데그變法은語形組織의如何를짜라다르니　以下五

種이잇나니라

(一) 原格　末音에밧침이업는者로서發用되는것

　　　가(往)　……………一]

朝鮮文法

四五

먹어(食)　놀아(遊)　보아(見)

집어(執)　무러(問)　다다(閉)

거러(步)　바다(受)　가 (往)

개여(晴)　울어(鳴)　피여(發)

쏘아(射)　서 (滅)　불너(呼)

밀어(推)　썩거(折)　을퍼(詠)

等이是라

그런데 動詞는 語形이 種種 變化함으로써 謂함이오 오직 그 表하는 바 意味를 因함에만 잇지 안하니고로써어腐、 속아(欺)、 알아(知)、 잇서(有)、 等도 다 動詞라 하나니라

第二節　動詞의 變化

感動詞라하는것은種種의情緒를稱하는것이니　例如

아하, 이런
흥, 앗차
아야, 얼사
엣두, 이어차
여보, 녜

等이是라 此外에他種詞에吐를合하야感動詞의用을得
함이잇스니　(죽엇나)　(갈인가)가든것이니라

第七章　動詞

第一節　動詞의定義

動詞라하는것은事物의變動作用을謂함이니　例如

朝鮮文法

四三

그러나(然)、　고로(故)、

等이是라　그런데其外에助詞卽吐를合하야接續詞의用

을作하는것이잇스니

봄과가을

바다와산

형은갓스나　아우는잇다

비가오더니　쌍이질다

눈이오되　춥자안하다

接續詞는또한文句中그位置에對하야副詞도

等이是라

第六章　感動詞

되나니(친구가차자오면또한깃부지안한가)가른것이니라

시험을 다들 처럿다

잘은 못먹소

조곰이야 안주겟소

퍽은 짓거린다

이는口語에恒用하는法인데 或曰呼應法이라도하나니라

第五章 接續詞

接續詞라하는것은二個以上의單語또文章을連合하는

것이니 例如

밋(及)、　　　또(又)、

혹은(或)、　다못(與)、

그러면(然則)、　또는(又)、

희게　쓰다

산에서　온다

아첨에　먹엇다

너갓티　어엿부다

그대로　가거라

천보다　만타

等과 가튼것은 變體副詞라 닐컷나니라

第二節　副詞의 用法

副詞는 被限定語의 上에 附하는것이라　그런데 그 語調

를 強케할새는 或種의 助詞를 合用하나니　例如

그들이 잘들　먹더라

애오라지(聊)、 거진(殆)、 모도(悉)、

자밋게(滋味)、 잘(善)、 몹시(惡)、

천천히(徐)、 점잔케(嚴)、 퍽(頗)、

엇지(何)、 참(誠)、 대개(蓋)、

매우(甚)、 만일(若)、 원컨대(願)、

等이是라 그런데 副詞는 制限을 主하는 것인고로 他種元

詞라도 語를 制裁하는 意味를 帶하는 것은다 이를 副詞라하

나니라

기는드시 오너라

날도록 만들다

적게 주다

朝鮮文法

三九

대개 數詞의 用法은 右와 갓티 古來의 慣例도 잇고 또는 通用 轉稱함도 잇나니라

第四章　副詞

第一節　副詞의 定義

副詞라하는 것은 動詞形容詞밋他副詞에 附하야 其意義를 制限하고 副飾하는 것이니　例如

이믜(旣)、　닐직(早)、　곳(即)、

늘(常)、　몬저(先)、　지금(今)、

빗드로(橫)、　멀니(遠)、　갓가히(近)、

더리(彼方)、　안으로(內)、　동으로(東)、

단히(多)、　조곰(小)、　심히(甚)、

마리 { 소(牛)——열마라

붕어(鯉)——열마라

채 { 두부(豆腐)——한채

묵——한채

집(家)——한채

譬喩에依하야轉用하는것

형대(兄弟)——한씨(種)

나히(年)——백살(矢)

비(雨)——한줄기(莖)

쌀(米)——열섬(石)

암치——한손(手)

三七

오백 （五百）

천 （千）

삼천 （三千）

천만 （千萬）

골백잘천 （千萬）

（二） 助數詞의 用法

相等한 形質에 就하야 通用하는 것

종의（紙）──── 한 장

장｛구둘（煙突石）──── 한 장

개와（瓦）──── 한 장

새（鳥）──── 열 마리

서三、 세、 석

너(四)、 네、 넉、

닷(五)、 대、

엿(六)、

數詞가 不明할時는 二數를 合稱하는 法

한둘(一二)　　두셋(二三)

서넛(三四)　　너덧(四五)

이삼십(二三十)　칠팔십(七八十)

不定의 多數를 謂하는 法

열아문　(十假量)

스문아문　(二十假量)

三五

助數詞는元來名詞나元數詞의作用을自在키爲하야轉來者로서其名詞인本質을널흔것이니라

되(升)　필(四)

붓(位)　개(箇)

달(月)　해(年)

第二節　數詞의用法

數詞는쓰는境遇를싸라그用法이別有하니　이는元數詞와助數詞에限하야諸法이잇나니라

(一) 元數詞의用法

元數詞가助數詞와合할時는變하는것

한(一)、　두(二)、

(二) 序數詞 는 次例를 謂하는 것이라

첫재(第一)　둘재(第二)

셋재　넷재

다섯재　여섯재

데일　데이

데삼　데오

갑(甲)　을(乙)

병(丙)　뎡(丁)

(三) 助數詞 는 名數를 謂하는 것이라

짐(負)　자(尺)

뭇(束)　리(里)

三三一

(一) 元數詞 는 數의 基本 되는 것이라

하나(一) 　　　　둘(二)

셋(三) 　　　　넷(四)

다섯(五) 　　　　여섯(六)

닐곱(七) 　　　　여덜(八)

아홉(九) 　　　　열(十)

스물(二十) 　　　　설혼(三十)

마혼(四十) 　　　　쉬혼(五十)

예순(六十) 　　　　닐혼(七十)

아혼(九十) 　　　　백(百)

천(千) 　　　　만(萬)

三二

說明한일이잇스나그는單語分析法을不知함이니라

第三章　數詞

第一節　數詞의定義及種類

數詞라하는것은各色事物의數爻와次序를謂하는것이니

例如

하나	돌
넷	여섯
여덜재	아홉재
열냥	스므날

等이是라　이數詞를性質에依하야言하면元數詞,序數詞,助數詞의三種이잇나니라

朝鮮文法

三一

더(第三者)　　　第二者로用

그리(其處)　　　其便으로用

이편(此便)　　　四方으로通用

簡單的約除의例

自山이말하되自山의冊을自山이사다　를

(自山이말하되내冊을내가사다)　라함

當身은그것을여긔두시오　　를

(여긔두시오)라함　(應對에多用)

此와如히代名詞는其職掌과性質과用法이名詞와크게다

르니다

(註近來或者는代名詞를名詞의一種으로認定하야名詞의附屬으로

此外에 關係를 代稱하는 것이잇스니 (바)(것)(수)等이 是

라 然이나 此等은 다 獨用치 못하는 것인고로 接尾語에 屬

하나라

　　　　第二節　代名詞의 用法

代名詞는 尊卑의 別이 有하야 用法이 複雜하고 또한 代

名詞는 他元詞와 크게 其趣를 異하야 一種의 記號와갓터 用

하는지라 然이나 其効는 名詞의 重複을 避하야 不必要한

細說을 除畧하는 効가 잇나니라

　　記號的 換用의 例

　　　이 사람(此人)　　我로用

　　더 그(彼處)　　彼人으로用

어데(何處)、　어느편、

(四)

多類代名詞　는 多數를 指하는것이라

무리(衆)　　　　　무리들

우리(我等)　　　　우리들

너의(汝等)　　　　너의들

그네(其等)　　　　그들

누구누구(誰誰)　　누구들

아모아모(某某)　　아모들

무엇무엇(何何)　　무엇들

여럿(多數)

이뎌(彼此)　　　　이것뎌것

二八

그(其)　　그것

그리(其處)　거긔　……中稱

그편(其便)　굿족

뎌(彼)　　뎌것

뎌리(彼處)　뎌긔　……遠稱

뎌편(彼便)　뎟족

(三) 不定代名詞　 는 指定이 업시 疑稱을 謂하는 것이라

누구(誰)、　　뉘、

엇던이(何人)　아모(某)、

무엇(何)、　웬것、

엇던것、(何者)　어느것、

너(汝) 네

로형(老兄) 당신(當身)

각하(閣下) 마님(媽主)

선생(師) 아버지(爻)

　　　　　　　　　}……對稱

뎌이(彼人) 뎌

그(其人) 그이

　　　　　}……他稱

二六

(二) 指示代名詞 는 人外의 一班名稱을 代하는 것이니

한 近、中、遠、의 三稱이 잇나니라　또

이(此) 이것

이리(此方) 여긔

이편(此便) 잇족

　　　　　}……近稱

더이(彼人)

누구(誰)

언제(何時)

等이是라　代名詞는其性質에依하야四種으로分하니

人代名詞、指示代名詞、不定代名詞　多類代名詞等이라

此를以下에各論하노라

(一)人代名詞　는人名을代하는것이니　自對他의三稱이

잇나니라

나(我)　내
저(自)　생(生)
자긔(自己)본인(本人)　……自稱

수——소……
암——소…… } 性
색기——말…… 指劾

等이이것이니 그法則은後章에示하노라

第二章 代名詞

第一節 代名詞의定義及種類

代名詞라하는것은事物의本名을代稱하는것이니 例

如

이 (此)

그 (其)

나 (我)

해ㅅ발(日光線)　담배ㅅ대(烟竹)

右法則外에 或接尾語로 成함이잇고 또는 音을 全變하야 成

함도잇스나 그는다 文法上準則이안이니라

第三節　名詞의用法

名詞의用法은여러가지吐나 接尾語又接頭語를 合하야

그性格을表하나니　例如

하눌——이
비——를 ⎤ 位格

쌍——에
사람——들
말——들
별——들 ⎤ 數量

朝鮮文法

二三

놀음(睇)　놀기

죽음(尸)　죽기

큼(大)　크기, 킈

길음(長)　길기, 길이

설음(哀)　설기

(二) 二名詞가 合하야 一名詞를 成할 時 는 (ㅅ)의 涉音을 要함이

잇나니라

눈ㅅ섭(眉)　산ㅅ새(山鳥)

뒤ㅅ문(後門)　시내ㅅ물(溪水)

이ㅅ몸(齒身)　창ㅅ살(窓楔)

비ㅅ물(雨水)　우ㅅ집(上家)

二三

元詞의 何品類됨을 勿論하고 凡自號하는 者는 다 名詞로

用함을 得하나니　고로 元體를 變하거나 또는 二個語가 合

하야 名詞됨이 잇는지라　그 變成的으로 名詞를 作함에는

(되다ー되(升))、(배다ー배(腹))、(눈물(淚))、(손톱(爪))、

等과 갓티 何等 變形이업시되는 것이만흐나 何種類는 特徵

의 法則으로써 되는 것이잇스니　이를 以下에 示하노라

(一) 動詞와 形容詞가 本意를 離하야 名詞로 轉成할 時는 (ㅁ 과

기 或 이)를 合하야 되나니라

짐(負)　지기

듬(蓬)　뜨기

봄(春)　보기

문덕(文德)　　조선(朝鮮)　　한강(漢江)

마음(心)　　겨정(憂)　　재조(才)

도리(道理)　　덕분(德)　　사랑(愛)

군대(軍隊)　　백성(民)　　수풀(林)

집집(家々)　　일일(事々)　　나날(日々)

연고(故)　　부모(父母)　　오뉘(兄妹)

等과 가튼 것이니 여러가지 吐即助詞를 合하야 用하나니

라

(註)種種의 文典에는 名詞를 分하야 各色으로 論하얏나니 그는 다 理論뿐이오 文法에는 큰 關係가 업는 것이라 고로 玆에는 그런 區別을 廢하노라

第二節 名詞의 特種

動詞

形容詞

助詞(吐)

助動詞

等이是라 이를가로되元詞라하나니 吾人의萬般思想을이十元詞로써發表하나니라

第一章 名詞

第一節 名詞의定義

名詞라하는것은(군두목)이라고도하는것이니 곳事物의닐홈을謂하는單語를總稱하야名詞라하나니라 例如

朝鮮文法

사람(人) 나라(國) 물(水)

一九

第二編　元詞論

朝鮮語는現代行用하는單語數가凡十萬에達하는지라
이와갓티語數가多種이되나　其性質이文法의近似함을
따라大別하면　十種이니

名詞
代名詞
數詞
副詞
接續詞
感動詞

一八

닭(鷄)……………닥

밝다(明)……………박

여덟(八)……………여덜

넓다(廣)……………널니

大盖音韻의變態는言語의變化又發達하는것이라 或

地方의語音은아직此等變態에屆及치못하야古音을尙存

함이잇스니 何方言에서는댜탸等音을자차로變成치안

한것이此例라 是以로吾人이文法을學함은第一標準語

로統一함이目的이니라

一六

천리(千里)……………철니

(2) 默息 習慣에 因하야 本音이 省畧하는 것

말새(言氣)……………마새

솔나무(松)……………소나무

달달(月月)……………다달

짓다(作)………………지어

붓다(毁)………………부어

잇다(連)………………이어

눕다(臥)………………누어

깁다(縫)………………기어

십월(十月)……………시월

청룡(靑龍)…………… 청

루각(樓閣)………… 누각

공리(公吏)………… 공니

(三) 尾音의 變態　밧팀卽尾音이 他音과 接連 치안할時는

密閉音으로 止하는지라　是以로 尾音이 他子音과 連接

할時는 音響의 衝動으로 種種變化가 起하나니 相換、默息、

等이是니라

(1) 相換　ㄴ밧팀이 ㄹ子音을 合하면 相換의 音으로 發

관리(官吏)………… 괄니

산림(山林)………… 살님

전라도(全羅道)……… 절나도

朝鮮文法

一五

됴건(條件)…………………조건

디도(地圖)……………………지도

(다) ㄷ音이 ㅊ로 發하는 것

텰도(鐵道)…………………철도

톄조(體操)…………………체조

밧탐(貢)……………………밧침

선됴(扇貂)…………………선초

(라) ㄹ音이 ㄴ音으로 發하는 것

라팔(喇叭)…………………나팔

탐라(耽羅)…………………탐나

로인(老人)…………………노인

一四

(나) ㄷ흡이 ㅈ로 發하는 것

량반(兩班)……………양반
려행(旅行)……………여행
료리(料理)……………요리
리치(理)………………이치
녀자(女子)……………여자
뇨동(撓動)……………요동
님자(主者)……………임자
더(彼)…………………저
전당(典當)……………전당
뎨목(題目)……………제목

朝鮮文法

二三

수이다……쉬

추이다……취

보이다……뵈

구어라……궈

나의것……내

더의것……데

누의것……뉘

소의쌀……쇠

(二)子音의變態 調節의變化로 獨發上又連發上熟音되는

것

(가)ㄴㄹ音이語頭에在하야 ○音으로發하는것

二三

가지안코……잔

치어)라/저

싀어)라……셔

가시)오……쇼

하지)오……죠

사이)……새

가이)……개

버이)……베

머이)……메

보아)……봐

오아)……와

二

以上綴音을謂하야或稱反切이라하나니　反切이라함은

곳子母音이相調하야一語音을成함이라하는것이니라

第五章　音의轉變

言語는一定不變하는것이안이오　歲月을逐하야恒常

變化하는것이라　今日語音이顯著하게轉變하는것은一

種法則이되나니　이轉變하는狀態는調節上習慣과相關

的影響으로因하야自然的傾向으로成하니라

(一)母音의變態　二個母音이連發할時에他音으로熟化되는

것

넉、밝、젊、

고이치안하다……찬

싸지同字幷書를提唱할새 ㄲㄸ삐ㅆ찌等으로書하는지라 然이
나이는音과字를混同하야僻說奇言에陷한것이니 된시옷은오직
符號에不過한것일새 本來一般文字는語音의符號即假定的表徵
이니라

以上에言한바는音의箇性을述함이어니와 正音에對
하야는子母音이相合하여야完全한語音을成하나니 其
完全音을論할진대 다른子母音만合하야될뿐안이라子
音이또다시尾合하는것이잇스니 此를曰밧팀(尾音)이라
하는것이라이밧팀은二種으로單밧팀双밧팀이잇나니라
單밧팀 一個子音으로된者
깍, 농, 운, 필,
双밧팀 二個子音으로된者니흔히쓰지안는것이라

朝鮮文法

九

子音의分類

- 喉音
  - 破障—ㄱ ㅋ ᄭ
  - 摩擦—ㅇ ㆆ
- 舌音
  - 破障—ㄴ ㄷ ᄯ ㅈ ᄶ ㅊ ㄹ
  - 摩擦—ㅅ ㅆ
  - 顫舌—ㄹ
- 脣音
  - 破障—ㅁ ㅂ ᄲ ㅍ
- 鼻音
  - 全鼻—ㅇ
  - 共鳴—ㄴ ㅁ

右의分類는各機關의生理作用으로發音되는것을言함이라　其中ᄭᄯᄲᄊᄶ五音은ㄱㄷㅂㅅㅈ等의類似音으로서其發音作用이激促히되는것이니　고로이를激音又된시옷이라하나니라

(註)或이此激音을同一한兩音이一時에幷發하는것即重子音이라하며又或은本音이둘만큼딴단하게發한다하니　이는다發音의生理作用을誤認한것이라　是以로其主張하는音理說明을引하야字形

(二)

子音 이라하는것은肺로부터나오는氣連이舌과脣과

齒等을振動하야發生하는音이니

ㄱㄴㄷㄹㅁㅂㅅㅇㅈㅊㅋㅌㅍㅎ

ㄲㄸㅃㅆㅉ

等이라

右十九音을다시그構造上으로區別하면如左

但文字에對하야만重母音字라함이可하니라

可하다할지나 音의個性的其生理에依하야言하면不可하나니

重母音이라하는지라 此는物理的變化와文字의形容을察하면或

(註)或이口盖化母音과脣化母音을指하되二個以上母音이兼發하는

右二十一母音을다시그構造上으로區別하면如左

ㅏㅑㅓㅕㅗㅛㅜㅠㅡㅣ
ㅓㅚㅔㅖㅙㅘㅐㅟㅓㅖ

母音의分類

元母音────ㅏㅓㅗㅜㅡㅣㅑㅕ
口蓋化母音────ㅑㅕㅛㅠㅣㅔㅖ
唇化母音────ㅚㅓㅘㅕㅙㅐㅖ

(1) 元母音 이라하는것은發音上모든母音의形態中그元形됨을謂한것이니라

(2) 口蓋化母音 이라하는것은元母音을口蓋의作用으로化하야構造한것이니라

(3) 唇化母音 이라하는것은元母音을唇의作用으로化하야構造한것이니라

則二十四字는 完全音字가 안이오 모든 完全音을 構成하는
字라 고로 이二十四字를 字母라 하나니라

第四章 音聲

言語의 形態는 音聲이라 이音聲이 發生하는 機關은 곳
肺臟과 聲帶와 口腔과 氣運과의 五部니 音聲은 肺로부터
나오는 氣運이 聲帶振動 또는 口腔의 여러군데를 觸하야 生
하는 것이라 그런데 音聲은 그 發生하는 部分을 따라 二의
區別이 잇스니 一은 母音、二는 子音、이라하나니라

(一) 母音 이라 하는 것은 肺로부터 나오는 氣運이 聲帶만 振
動하고 何等 支障이 업시 發하되 오직 聲帶와 舌과 顎의
運動으로 口腔의 形像을 變化하야 各音을 構造하나니

朝鮮文法

五

에 在하야는 그가 語音의 關係가 업合으로 廢止하다 其中

四

◦字는 美的 趣味를 取하야 ㅏ字 代로 用키도 하나니라 右

二十四字 中에 ㅏㅓㅕㅗㅛㅜㅠㅡㅣ 等 十字는 母音字、

ㄱㄴㄷㄹㅁㅂㅅㅇㅈㅊㅋㅌㅍㅎ 等 十四字는 子音字라

하니 이로써 音을 綴함에는 ㅏㅑㅓㅕㅣ 五字는 子音字 右

에 合하고 ㅗㅛㅜㅠㅡ 五字는 子音字 下에 合하며 밧림

이 잇스면 字 下方에 合하며 또 한 類似音을 記錄함에는 合

綴하야 用하고 밋 同字를 連書할 時는 (ㄷ) 此 表를 用하나니 曰

(잣직이)라 하나니라 또 諺文은 老馬字와 갓티 同位的이안

이오 蒙古바리 等 字와 갓티 從屬的이라 고로 母音字를 獨

用치 안하고 子音과 合하여야 一字體를 成하는 것이라 然

를 寫表하는 器具라　世界各國에서 使用하는 文字數爻가

通合하야 二百餘種이되나　이를 學理上으로 區別하면二

種이니 (一)意符文　(二)音符文　等이라　意符文은 意義를

記錄하는 文字니　漢文埃及文等이이것이오　音符文은

音聲을 記錄하는 文字니　朝鮮文西洋文等이이것이니라

朝鮮의 文字는 中古에 薛聰氏가 作한 리두(吏讀文)ㅠㄷ卟

等二百字를 漢文곽交合하야 書用하더니　李朝第四世宗

이 뻬 民正音을 制定하야 使用케하니　이것이 今日諺文

ㅏㅑㅓㅕㅗㅛㅜㅠㅡㅣㄱㄴ

ㄷㄹㅁㅂㅅㅇㅈㅊㅋㅌㅍㅎ

等二十四字라　初에는 、ᅙㅇㅿ四字를 加行하다가 今日

朝鮮文法

三

二

世界人類는 本來 各其 區域을 지어 生活하다 고로 그 言語도 各各 不同하니 世界方言을 調査하면 三千種이 되나 國語로 말하면 二百種이 되나니라 그 여러 가지 言語를 다 시 系統的으로 分類하면 七大語族이니 (一)생스크리트語 族 (二)우랄알타익語族 (三)單音語族 (四)南洋語族 (五) 中央亞弗利加語族 (六)南部亞弗利加語族 (七)아메리카 土人語族 (八)세미틱語族 (九)하미틱語族 等이니라

朝鮮語는 複音語로 第二種 우랄알타익語에 屬한 말이니 이 語族間에 朝鮮語가 가장웃듬이니라

第三章　諺文

文字는 吾人의 思想을 間接으로 發表하는 機關이오 言語

正修 朝鮮文法

安自山 著

第一編 總論

第一章 文法의 定義

言語는 吾人의 思想을 交換하는 媒介라 此에 對하야 約束이잇스니 그 約束은 本來 民衆 全體에서 無意識的으로 組織된 者오 法律規則과 갓티 意識的으로 作成한 것은 안이니라 文法은 곳이 無意識的으로 成立된 約束을 抽하야 言語上에 잇는 事實로써 그 秩序와 類別을 記述한 바 그 法則을 學하는 것이니라

第二章 朝鮮語의 地位

朝鮮文法

一

目次

三

目 次

二

目次

目次

一

一, 智識과 眞理는 天下의 共有物이라　近來或者는 天下의

共認하는 原理를 舍하고 僻論曲唱에 흘느나니　即胡鮮

의 特色을 表示한다하야 非眞理非原則의 事를 附會함이

만흔지라　本書는 彼等曲見詭說을 排하고 文法學音聲

學文字學또는 言語學等의 原理原則을 取하며　ᄯᅩ한 述

語에 對하야도 아못조록 世人共知하는 者를 取하노라

一, (再版의 題)初版에 在하야는 多小不充分한 点이 잇슴을 領

悟함이 잇는지라　고로 今番再版에 就하야는 이를 增訂

修補하야 完全을 取함이라

癸亥二月　日

著　者　識

著述要旨

一, 近日各學校에서 教授하는 文法은 個人의 意見에 잇고 또
는 現今行用치안는 것을 說明한것이니 此는 好奇的 또
는 獨斷的에 陷할뿐안이라 文法의 原理를 反한것이라
本書는 從來의 誤謬됨을 排하고 公衆的 普遍的에 依하야
作한것이라

一, 本書는 平易와 實地됨을 主張하며 理論에 流함을 避하야
學者로하야곰 朝鮮語의 一般智識을 理會케함이라

一, 種種의 文典에는 사두리를 用하야 決裂에 近함이 만흔지
라 然이나 本書는 京城音의 發音밋 그 雅言에 標準하야
其法則을 述하고 同時에 言語統一을 目的함이라

一

1 書叢學語鮮朝

修 正

朝 鮮 文 法

全

安 自 山 著

수정판 조선문법

제2부

연 구 편

安廓의 『朝鮮文法』(1917)에 대하어

1. 안확과 『조선문법』

　自山 안확(1886~1946)은 개화의 시기에 태어나 일제강점기 동안 국학 연구에 전념한 인물이다. 그는 언어, 문학, 역사, 철학, 음악 등 다방면에 걸쳐 당시의 국학 연구자들과는 차별되는 업적을 산출해 내었지만 그다지 주목을 받지 못하다가, 비교적 최근에 이르러서야 각 방면의 학계에서 그의 업적이 재조명되고 있다. 국어학계로 한정할 때, 李基文(1988)과 安秉禧(2003)에서 비로소 안확의 국어 연구 전반에 대한 본격적인 재평가 작업이 이루어졌다 할 만하다.

　안확은 국학 연구의 초기부터 말기에 이르기까지 국어 연구 업적을 꾸준히, 상당수 발표하였다. 그러한 업적 중에 그를 대표하는 것은 『조선문법』(1917)과 『수정조선문법』(1923) 그리고 논문으로서 「조선어원론」(1922)이다. 전자 둘은 별개의 책으로 간행되었으나 후자는 『朝鮮文學史』(1922, 韓一書店)에 '附編二'(176면~240면)로 실려 출간되었다. 이 논문의 목적이 안확 문법의 체계와 그 변천을 살피는 데 있으므로 여기서는 전자의 두 책을 중심으로 논의를 진행하며, 후자에 대해서는 특별한 경우가 아니라면 따로 언급하지 않는다.

　그동안 안확의 『조선문법』은 전하지 않는 것으로 알려져 왔다. 그리하여 그의 『조선문법』에 대해서는 『수정조선문법』(滙東書舘)에 전적으로 의지하여 그 내용을 짐작해 왔다. 이는 후자의 '著述要旨'에 나오는 "(再版의 題) 初版에 在하야는 多少 不充分한 点이 잇슴을 領悟함이 잇는지라. 고로 今番 再版에 就하야는 이를 增訂 修補하야 完全을 取함"(밑줄은 필자)이라 한 진술(특히 괄호 속의 '再版의 題'란 표현)에 근거하여 초판과 '再版' 사이에 그리 큰 차이를 보이지 않을 것으로 여긴 데 따른 것이었다. 하지만 『조선문법』을 실제로 직접 관찰한 결과, 양자 사이에서는 상당한 차이가 발견된다.[1]

안확의 『조선문법』은, 여러 곳을 두루 검색해 본바 현재 그 유일본이 이화여대 도서관에 소장되어 전한다(「사진 1」, 「사진 2」 참조). 이 책은 대정 6년(1917년) 1월 20일에 '唯一書舘'(京城府 寬勳洞 72번지)에서 발행되었으며 크기는 18.8㎝(세로)×13.0㎝(가로) 정도로, 거의 46판에 가깝다.[2] 또 이 책은 '著述要旨' 2면, '目錄' 즉 목차 3면에 본문 87면 그리고 刊記 1면으로 구성되어 있다. 이로써 보면 『조선문법』(定價 30錢)에 비해, 본문이 137면('著述要旨' 2면, '目次' 4면 별도)에 달하는 『수정조선문법』(定價 70錢)에서 상당한 증보가 이루어졌음을 알 수 있다.[3]

---

1) 안확의 『조선문법』과 『수정조선문법』에는 띄어쓰기가 거의 이루어져 있지 않으나 이해의 편의를 위해 이 논문에서는 관련 내용을 인용할 때 현행 띄어쓰기 규정에 맞추어 제시한다(그 과정에서 문장부호를 새로 부가하기도 한다).

2) 金敏洙(1986)에 따르면, 『수정조선문법』도 46판(18.8㎝×12.7㎝)이라고 한다.

3) 분량으로만 보면 '音의 轉變'(5면→9면), '數詞'(4면→7면), '動詞'(16면→32면), '形容詞'(5면→9면), 그리고 '文章論'(19면→35면) 등에서 보강이 대폭적으로 이루어졌다. 하지만 특이하게도, '名詞'(10면→5면)와 '接續詞'(3면→1면)에서는 분량이 오히려 줄었다.

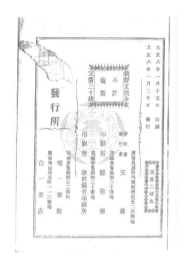

「사진 1」『조선문법』 표지　　　　　「사진 2」『조선문법』 刊記

　「사진 1」에서 보듯 안확은 '自山'이란 호를 비교적 이른 시기부터 사용하였다.4) 그리고 「사진 2」의 간기는, 그가 적어도 1917년 1월까지는 경남 '昌原郡 內西面 檜原'(현재: 창원시 마산회원구 회원동)에 주소지를 두었음을 알려 준다.

2. 『조선문법』(1917)에서 『수정조선문법』(1923)으로

　안확은 일평생, 여러 분야에 걸쳐 국학 관련 업적을 내는 가운데 딱 두 권의 단행본 문법서를 간행하였다. 『조선문법』과 『수정조선문법』이 바로 그것인데 양자를 대조해 보면, 비록 전면적이라 하기는 어려워도 두 책 사이에 상당한 변개가 이루어졌음을 알 수 있다. 그러기에 두

---

4) 安秉禧(2003:324)에서는 안확이 "30代 中盤인 1920년부터 自山이란 號를 사용"했을 것이라 하였다.

책을 비교하는 작업은 곧, 안확의 문법 체계 전반과 그것의 변천 과정을 살피는 일이 된다.[5]

1) 저술 목적의 변경

두 책의 '著述要旨'에는 저술 목적이 각각 잘 드러나 있다.

> (1) ㄱ. 本書는 特히 敍述的, 實用的(Descriptive, Practical)의 体로 編纂
>   함.(图 要旨1)
>   ㄴ. 本書는 從來의 誤謬됨을 排하고 公衆的, 普遍的에 依하야 作한
>   것이라.(图 要旨1)

(1)에서 보듯 『조선문법』은 "敍述"(=기술)과 "實用", 『수정조선문법』은 "普遍"과 "公衆"(≒실용)에 근간을 두었다. 양자 모두 '실용'을 목적으로 하나 전자는 '기술적 문법', 후자는 '보편적 문법'을 지향하고 있었다는 말이다. 이를 위해 전자에서는 "自然的으로 發達된 法則"(图 要旨1)을 정밀히 조사하여 국어를 기술하고자 하였으며[6] 후자에서는 "文法學, 音聲學, 文字學 쏘는 言語學 等의 原理原則"(图 要旨2)을 바탕으로 국어의 문법을 설명하고자 하였다. 양자 모두에서, 국어의 "一般智識"을 깨우칠 수 있도록 "理論에 流함"을 피하며 "京城言의 發音" 및 "雅言"으로 "其法則"(图, 图 要旨1)을 서술한다고[7] 명시하고 있다.

---

5) 안확의 문법 체계 전반을 논의의 대상으로 하는 이 논문에서는 『조선문법』과 『수정조선문법』 두 책에 대한 세밀한 비교를 시도하지 않는다. 한편 비교의 편의를 위해 『조선문법』은 图로, 『수정조선문법』은 图로 문헌 약호를 써 표시한다.

6) 이의 궁극적인 목적은 "標準"(图 要旨1)을 세우는 데에 두었다.

7) 이는 궁극적으로 "言語統一"(图 要旨1)을 목적으로 하였다.

(2) 本書를 著함에 就하야 現代 使用하는 諺漢文混用法을 以하노라. 朝鮮文法에 對하야 純諺文을 쓰지 안코 漢字를 混用함이 不當한 듯하나 本來 朝鮮文學의 形式이 貴族的/平民的 즉 純漢文/純諺文 兩種으로 分立하얏다가 現今에 至하야는 此階級을 打破하고 混用으로써 普通文体를 作한지라. 故로 本書의 体도 採用치 안이키 不可하야 如是 混用하노라.(图 要旨1~2)

(2)에는 "諺漢文混用法"(=국한문 혼용체)을 써 문법을 기술하겠다는 뜻이 밝혀져 있다. 그리고『조선문법』을 서술할 때 '국한문 혼용체'를 "採用"한 이유가, 그것이 당시의 현실 문체를 대표하던 "普通文体"이기 때문이라고 하였다. 안확의 현실적·실용적 문체관이 그대로 드러나는 대목이다. 이와 달리『수정조선문법』에는 이러한 문체에 대한 언급이 없다.

(3) ㄱ. 或 地方의 語音은 아직 此等 變態에 屆及치 못하야 古音을 尙存함이 잇스니 何 方言에서는 '댜, 탸' 等音을 '자, 차'로 變成치 안한 것이 此例라. 是以로 吾人이 文法을 學함은 第一 標準語로 統一함이 目的이니라.(问17)

ㄴ. 吾人이 文法을 學함은 言語를 統一하고 文의 書하는 法을 一致코쟈 함에 在한 것이라. 言語의 統一은 即 '사투리'를 업새고 京城 即 標準語를 使用함이며, 言文의 一致는 即 文語를 特立할 것이 안이라 言과 文을 同一케 하는 것이라.(问136)

다만『수정조선문법』에서는 의사소통 수단의 통일이 강조된다. (3)에서 알 수 있듯, 안확의 문법서 발간의 목적은 의사소통 수단을 "標準語"로 통일하고 그럼으로써 "言"과 "文"의 "一致"를 달성하는 데 두어져 있었던 것이다. 이로써 보면『조선문법』과『수정조선문법』두 책은, 전자가 '국한문 혼용체' 즉 문체에 관심을 보이고 후자가 '표준어'에

주의를 기울였다는 점에서8) 중대한 차이를 드러내고 있는 셈이다.

2) 용어의 변경

『조선문법』과『수정조선문법』은 일부 문법 용어상의 相違를 보여 준다. 이를「조선어원론」과 함께 비교할 때 매우 흥미로운 점이 발견된다.

(4) 문법 용어의 대비

	조선문법(1917)	조선어원론(1922)	수정조선문법(1923)
자음	父音	父音	子音
조사	後詞	後詞	助詞
어미	助動詞	助動詞	助詞 또는 語尾
서술어	說明語	說明語	用語
수식어	修飾語		屬語

(4)에 제시한 용어 대부분에서 안확의「조선어원론」이『조선문법』과 일치를 보이기 때문이다. 이로부터 이들 용어의 수정은「조선어원론」(1922)과『수정조선문법』(1923)이 간행된 시기 사이에 이루어졌음을 알 수 있다.9)『조선문법』과「조선어원론」에서 조사와 어미에 대해 각기 상이한 품사(즉 '後詞'와 '助動詞')를 상정하였다가『수정조선문법』에서 태도를 바꾸어 이들을 동일한 품사(즉 '助詞')로 간주하고 있다는 점도 주목할 만한 사실이다.

---

8) 이와 달리『조선문법』에는 '표준어'에 대한 직접적인 언급이 없다. '표준어'에 관한 한, 「조선어원론」에 자세하다.

9) 「조선어원론」이 1922년 이전에 완성되었을 수도 있으나 확인할 방도가 없다.『조선문법』(1917)과『수정조선문법』(1923) 사이에 쓰인 안확의 국어 관련 저술은「조선어원론」이 유일하다.

(5) ㄱ. 七語族 : 아리안語族, 유랄타이쓰語族, 單綴語族, 南洋語族, 라
　　　비듸안語族, 세미스語族, 하미쓰語族(安廓 1915:36)
　ㄴ. 七大語族 : 생쓰크리트語族, 유랄알타익語族, 支那語族, 南洋語
　　　族, 南印度語族, 亞羅比亞語族, 埃及語族(图2)
　ㄷ. 七種 : 쌩쓰크리트語族, 우랄알타익語族, 單音語族, 南洋語族,
　　　南印度語族, 세미틕語族, 하미틕語族(조선어원론 216~217)
　ㄹ. 九大원문에는 '七大'語族 : 생스크리트語族, 우랄알타익語族, 單
　　　音語族, 南洋語族, 中央亞弗利加語族, 南部亞弗利加語族, 아메
　　　리카土人語族, 세미틕語族, 하미틕語族(冈2)

　(5)는 『수정조선문법』에서, 안확 문법이 기대고 있는 기초 이론에 커
다란 변화가 있었음을 상징적으로 알려 준다. 어족 구분(7개 → 9개)의
선명한 차이가 이 문법서에 전면적으로 반영되어 있는 것이다. 안확은
아마도 『수정조선문법』에 이르러, 자신의 초기 문법 즉 『조선문법』에
서 거의 완전히 벗어날 수 있게 되었던 것으로 여겨진다.

3) 서술 내용의 변경

　『조선문법』과 『수정조선문법』 양자는 저술 목적이나 용어 이외의 면
에서도 여러 가지 차이를 노정한다.

A. 모음체계와 자음체계

　음운론에 관한 한, 두 책은 그리 상세하지 않다. 체계상의 상위만을
들어 비교함으로써 양자의 차이를 간단히 드러내기로 한다.

(6) ㄱ. 口蓋化母音 : ㅑ, ㅕ, ㅛ, ㅠ, ㅖ, ㅖ, ㅢ, ㅒ, ㅒ(图)
　ㄴ. 元母音 : ㅏ, ㅓ, ㅗ, ㅜ, ㅡ, ㅣ, ㅔ, ㅐ(冈)

『조선문법』과『수정조선문법』두 책은, 모음의 면에서 그리 큰 차이
를 보이지 않는다. 다만 (6)에서 보듯, '에, 애'의 지위에 대한 판단에서
만 다를 뿐이다.『조선문법』에서는 이들을 "口蓋化母音"(=j계 이중모음)
으로,『수정조선문법』에서는 "元母音"(=단모음)으로 이해하였다.『수정
조선문법』에서 비로소, 당시의 모음 '에, 애'에 대한 정당한 관찰이 이
루어졌다고 할 만하다.

(7) ㄱ.『조선문법』의 자음체계

性質上	一 : 破障音	ㄱ, ㄴ, ㄷ, ㅁ, ㅂ, ㅈ, ㅊ, ㅋ, ㅌ, ㅍ	
	二 : 摩擦音	ㅅ, ㅎ	
	三 : 鼻音	ㅇ, ㄴ, ㅁ	
	四 : 顫舌音	ㄹ	
機關上	一 : 喉音	ㄱ, ㅋ, ㅎ, ㅇ	
	二 : 舌音	ㄴ, ㄷ, ㄹ, ㅅ, ㅈ, ㅊ, ㅌ	
	三 : 脣音	ㅁ, ㅂ, ㅍ	

ㄴ.『수정조선문법』의 자음체계

喉音	破障	ㄱ, ㅋ, ㅺ
	摩擦	ㅇ, ㅎ
舌音	破障	ㄴ, ㄷ, ㅼ, ㅈ, ㅆ, ㅊ, ㅌ
	摩擦	ㅅ, ㅆ
	顫舌	ㄹ
脣音	破障	ㅁ, ㅂ, ㅽ, ㅍ
鼻音	全鼻	ㅇ
	共鳴	ㄴ, ㅁ

(7)은 두 책에 제시된 자음체계를, 비교의 편의를 위해 표로 만들어
보인 것이다.『조선문법』에서는 자음의 분류 기준을 "性質"(=조음방법)
과 "機關"(=조음위치)으로 나누고 이에 따라 자음들을 단선적으로 분류

하였다. 이와 달리 『수정조선문법』에서는 '조음위치'와 '조음방법' 사이에 위계를 두어 계층적으로 자음들을 분류하였다. 그 과정에서 'ㅇ'을 "喉音"의 '摩擦音'으로 기술하는 잘못을 범하기는 하였지만, 음운부류들 사이의 위계를 세우고 경음을[10] 자음체계 속에 포괄하였다는 점에서 후자가 전자보다 한층 더, 음소에 대한 체계적 인식 태도를 견지하였다고 할 수 있다.

B. 격 체계

서술 내용 자체가 완전히 달라졌다고 할 수는 없으나 명사의 '格'을 다루는 태도에서 약간의 차이가 발견된다.

  (8) 主格, 客格, 目的格, 辨格, 與格, 從格, 連格, 呼格(圂, 囹)

두 책 모두에서 위와 같은 8개의 위격을 인정하였다. 이때의 "客格"이란 현대적으로는 목적격, "目的格"은 관형격, "辨格"은 주제격, "從格"이나 "連格"은 부사격에 해당한다.[11] 이러한 명사의 격에 대해 『조선문법』은 제2장(명사)의 제5절(名詞의 位格)에서 다루고 있으며 『수정조선문법』은 제9장(조사) 제1절(助詞의 定義及種類)에서 다루고 있다. 전자는 단어들 사이의 관계 속에서 '격'을 파악하는 태도, 후자는 그러한 '격'을 조사란 형태가 가지는 고유의 기능으로 파악하는 태도를 반영한 것이라 하겠다.

---

10) 두 책 모두에서 경음을 "激音"이라 명명하였다. 다만 『조선문법』에는, 어떤 이유에선지 모르겠으나 자음의 분류 목록에서 이들이 제외되어 있다.

11) 각 위격에 속하는 구체적인 형태는 『조선문법』과 『수정조선문법』이 동일하다. 주격으로는 '-이/가', "客格"으로 '-을/를', "目的格"으로 '-의', "辨格"으로 '-은/는', 여격으로 '에/에게', "從格"으로 '-으로', "連格"으로 '-에서, -에게서', 호격으로 '아/야' 등이 제시되어 있다.

C. 문장성분

문장성분과 관련해서도 『조선문법』과 『수정조선문법』 두 책은 중대한 차이를 드러낸다.

(9) ㄱ. 主語, 說明語, 客語, 補語, 修飾語(圣)
    ㄴ. 第一成分 : 主語, 用語 / 第二成分 : 客語, 補語, 屬語,12) 獨立語(合)

(9)에서 보듯, 『조선문법』에서는 문장성분을 단선적으로 구분한 데 반해 『수정조선문법』에서는 이를 계층적으로 구분하고 있기 때문이다. 현대적 개념의 '주성분, 부속성분'과 정확히 일치하는 것은 아니나 "第一成分"과 "第二成分"으로 1차 구분하고 이를 다시 2차 구분하고 있음은 매우 흥미로운 사실이다. 현대 국어문법에서와 같이 문장성분을 계층적으로 이해하는 태도의 단초를 안확이 제공했다고 할 만하다.

4) 서술 내용의 삭제

『조선문법』에 포괄되었던 일부 내용이 『수정조선문법』에서 삭제된 경우도 나타난다. 이들은 대부분, 안확이 보인 초기 문법 및 문법관이 변경된 데 따른 결과로 여겨진다.

(10) ㄱ. 普通名詞, 特別名詞, 集合名詞, 有形名詞, 無形名詞, 抽象名詞, 複合名詞, 變体名詞(圣16~18)13)

---

12) 이때의 "屬語"는 '수식어'를 가리킨다.

13) 이 중에 '特別名詞'는 고유명사, '有形名詞'는 구상명사, '變体名詞'는 전성명사에 대응한다. '無形名詞'와 '抽象名詞'는 모두 추상명사인데 전자는 '마음, 걱정, 재조' 등 "目으로 見치 못하는 事物의 名詞"(圣17), 후자는 '도, 덕, 사랑' 등 "無形의 말 中에 特別한

ㄴ. 種種의 文典에는 名詞를 分하야 各色으로 論하얏나니 그는 다 理論쑌이오, 文法에는 큰 關係가 업는 것이라. 고로 玆에는 그런 區別을 廢하노라.(杳20)

(11) ㄱ. 關係代名詞는 動詞의 여러 가지 分詞를 合하야 言語事物及能力 의 其意義를 代稱하는 말 : 바, 쟈, 이, 데, 지(圖29)

ㄴ. 此外에 關系를 代稱하는 것이 잇스니 '바, 것, 수' 等이 是라. 然 이나 此等은 다 獨用치 못하는 것인 고로 接尾語에 屬하니라. (杳29)

(12) 名詞 前에 쓰기도 하고 그 後에 쓰기도 하는데 前者를 前置詞, 後者 를 後置詞라 하나니라. 붉은 긔, 긔가 붉다. 前置詞는 或曰 接頭辭 라 하나니라.(圖51)

(10)은『조선문법』에서 명사의 부류를 여럿으로 나누었으나『수정조 선문법』에서는 그러한 구분이 "理論"에 불과하여 필요치 않음을[14] 명 시한 것이다. 한편 (11)에서 보듯『조선문법』은 '바' 등에 대해 관계대 명사라는 범주를 상정하였다. 하지만『수정조선문법』에서는 그것이 "獨用"하지 못하므로 "接尾語"에 속하는 형태로 규정하였다. 아울러 (12)에서는 형용사를, 그것의 출현 위치에 따라 "前置詞"와 "後置詞"로 달리 부를 것을 제안하고 있다.[15]

각각의 내용을 감안할 때 (10)~(12)는 모두, 이른바 서양 문법의 영향 과 관련된 부분이라 할 만하다. 즉 명사 및 형용사를 하위분류하고 관계 대명사를 설정한 것이 외래 이론의 직접적 수용에서 비롯한 결과였으 리라는 말이다. 하지만 국어 문법에서는, (10ㄱ)과 같이 하위 구분된 명

性質을 抽한 名詞"(圖17)를 가리킨다.

14) 姜馥樹(1972:197)에서는 이러한 변화를 山田孝雄의『日本文法論』(1908)과 연관 지었다.

15) 이들은『수정조선문법』에서 용법의 차이로 간주되어 '前置詞'는 "合體法"에서, '後置詞' 는 "說明法"에서 다루어진다. 현대 영문법에 비추어 볼 때 전자는 한정적 용법, 후자는 서술적 용법에 대응한다.

사들의 문법적 지위가 크게 다르지 않으며 또 관계대명사를 설정해야 할 필연적 근거도 없다. 그리고 형용사를 출현 위치에 따라 구별하는 태도 또한 국어의 형용사(나아가 동사)가 가지는 특성을 설명하는 데 별 도움이 되지 않는다. 이러한 이유로 안확은『수정조선문법』을 간행하면서 이들을 자신의 문법 체계 안에서 배제하였을 것으로 짐작된다.

이와 달리, 서양 이론의 모방이 전제되지는 않으나 현대 문법론 또는 문체론에서 중요하게 다루어지는 사항을 삭제한 경우도 발견된다.

 (13) 總主語, 副主語(圣71~72)
 (14) 文章의 修辭上 分類 : 理的文, 氣的文, 情的文, 才的文, 辞的文(圣 85~86)

(13)은 이른바 이중주어문과 관련된 것이다. 예를 들면 '가을은 달이 밝다'에서 '가을은'은 총주어, '달이'는 부주어가 된다. 하지만『수정조선문법』에서는 이중주어문을 인정하지 않고 총주어를 "獨立語"로 분석하였는데16) 이에 따르면 '총주어' 등의 개념은 굳이 상정할 필요가 없어진다. 그리하여 안확은 자신의 문법 체계에서 이들 개념을 제외해 버린 것으로 판단된다.

한편 (14)는 수사학적 문체에 관한 사항으로 거칠게 대비하면 '理的文'은 건조체, '氣的文'은 강건체, '情的文'은 우유체, '才的文'은 화려체, '辞的文'은 만연체 정도에 해당한다.『수정조선문법』에서는 이러한 문체에 대한 언급이 발견되지 않는다. 이 같은 변화가 문장론의 대상에 대한 인식차에서 비롯한 것인지, 아니면 단순히 안확이 가졌던 문체에 대한 관심의17) 정도차에서 비롯한 것인지 현재로선 분명히 밝혀 말하

---

16) '獨立語'는 特別한 處格에 在하야 主語及用語 等에 總關系를 有한 것이라. 日氣는 가을이 서늘하다, 山과 水에 엇던 것이 됴흔가.(圣107)

기 어렵다.

5) 서술 내용의 추가

『조선문법』을 증보하여 『수정조선문법』을 만들었으므로 후자에서 추가된 부분이[18] 종종 발견되는 것은 매우 당연한 일이다. 다만 여기에서는, 이들 중에 '문법 현상'의 차원에서 주목할 만한 사항 몇 가지를 간단히 지적해 두고자 한다.

(15) 文語와 口語에 通用치 안는 것 : 에…한테~더러, 와/과…하고, 매~니…니까, 고로…길내~기에, 하야…해서, 뇨…냐, 소서…시오, 하옵나이다…합니다, 하옵나잇가…함닛가, 하옵…하게(㊒88~90)

(15)는 『수정조선문법』의 제9장 제2절(助詞의 用法)에 출현하는 내용이다. 흥미롭게도 이에서는, 당시에 쓰이던 조사나 어미에서 발견되는 문어와 구어의 차이를 기술하였다.

(16) ㄱ. 思想을 發表함에는 境遇에 應하야 勢力의 輕重緩急이 잇는바 文은 卽 其勢力 如何를 準適하야 其構造를 故意로 變換함이 잇는지라.(㊒126)
ㄴ. 文中에 對하야 上下의 語를 對照 關繫하는 것이 잇스니 이를 謂하야 呼應이라 하나니라.(㊒130)

(16ㄱ)은 문장론(제3편)의 제5장(文章構造의 變換), (16ㄴ)은 제6장(呼

---

17) 이는 이미 2.1절(저술 목적의 변경)에서 살핀 바다.
18) 이를 일일이 밝히는 작업은 가급적 피하고자 한다. 그것이, 『조선문법』을 주 대상으로 하여 안확의 문법 체계 전반을 살피려는 이 논문의 목적에 부합하지 않기 때문이다.

應法)의 내용을 개략한 부분이다. 각각 문장의 변형과 문장성분의 호응에 대해 언급한 부분으로, 현대적 의미에서 통사론의 본령에 근접해 있다 할 만하다. 보편 문법을 지향했던 『수정조선문법』의 기술 태도에서[19] 비롯하여 해당 내용들이 선택, 추가되었을 것으로 짐작된다.

3. 안확의 『조선문법』과 유길준의 『대한문전』

안확은 국어학사에서, 崔光玉(1877~1910)의 『大韓文典』(1908)에 대해 '표절'의 의혹을 처음으로 제기한 인물이다(金敏洙 1957/1960:273). 그의 『朝鮮文學史』(1922) 제6장(最近文學)에 나오는 다음 진술을 보자 (이하의 모든 밑줄은 필자).

> (17) 兪龜堂의[20] … 其著 '大韓文典'은 實相 朝鮮語學의 開拓이라. 崔光玉의 '大韓文典'이 最先出이라 하나 이는 兪氏의 原稿를 借印한 것인 듯하다[21] 하노라.(121면)

(17)에서 보듯, 그는 최광옥의 『대한문전』이 유길준의 『대한문전』

---

19) 이 또한, 앞서 2.1절(저술 목적의 변경)에서 이미 언급한 것이다.

20) 兪吉濬(1856~1914)의 호는 '矩堂'인데 여기서는 '龜堂'으로 되어 있다.

21) 이러한 추정은 아마도, 유길준의 『대한문전』 '緒言'에 나타나는 다음 진술에 근거한 듯하다; 稿를 易흠이 凡八次에 … 中間 第四次 稿本이 世間에 誤落흐야 愛書家의 印佈흠이 再版에 至흐나 該稿本은 舛謬흔 點이 多흐야 讀者의 惑을 反滋흘 虞가 有흠이라. (밑줄은 필자) 유길준의 『대한문전』 원고본은 제목이 '朝鮮文典'이다. 따라서 『朝鮮文學史』(1922)를 저술할 당시에 안확은 유길준의 원고본을 직접 보지는 못한 것으로 여겨진다. 1920년대 후반에 이르러 비로소, 그의 저술에서 유길준의 '朝鮮文典'이 언급된다; 發行의 次序로 보면 如左해. 兪吉濬 : 大朝鮮文典・大韓文典, 崔光玉 : 大韓文典 … 兪吉濬 氏의 文典은 距今 四十年前에 東京서 發刊하엿스니(安廓 1927/1994:57).

(1909)보다 먼저 출간되었으나 전자가 후자의 원고를 "借印"한 것 같다고 주장하였다.[22) 이는 안확이, 두 책을 직접 보았었다는 사실을 단적으로 드러낸다. 또 그의 "朝鮮語學"이 『대한문전』에서 출발했을 개연성을 간접적으로 시사해 주는 것이기도 하다. 이를 간단히 확인하기 위해, 품사론의 첫 번째 장으로서 '명사' 편의 하위 절 목차를 비교해 본다.

(18) ㄱ. 명사의 意義, 명사의 種類, 명사의 數量, 명사의 位格(대한문전)
ㄴ. 명사의 種類, 명사의 陰陽, 指幼名詞, 명사의 數量, 명사의 位格, 명사의 作法(圣)

(18ㄴ)이 목차상으로 더 세분되어 있기는 하지만, 그 내용을 감안하면 제목이나 순서에서 양자가 크게 다른 것은 아니다. 두 책 사이에 긴밀한 영향 관계를 상정할 수 있으리라는 말이다. 그 가능성을 더욱 높여 주는 '助動詞'(=어미) 장을 하나 더 살펴보자.

(19) ㄱ. 조동사의 意義 / 조동사의 種類 : 期節, 階段, 意思(대한문전)
ㄴ. 조동사의 種類 / 조동사의 意思(圣)

(19ㄱ)의 '階段'은 어미의 위치에 따른 분류, '意思'는 기능에 따른 분류를 나타내는데 이는 각각 (19ㄴ)의 '助動詞의 種類'와 '助動詞의 意思'에 대응한다. 다만 (19ㄱ)의 '期節'은 시제를 나타내는 어미로, (19ㄴ)에서는 '意思'의 하위 항목 '時期' 속에 포괄되어 있다. 이와 같은 처사는, '期節'의 어미에 대해 제3의 범주를 따로 둘 필요가 없다는 인식에서 비롯된 것임에 틀림없다. 이로써 보면 안확의 『조선문법』은 유길준의

___
22) 안확은, 최광옥이 유길준의 "原稿"를 "借印"해 강의용 교재를 만든 것으로 생각하고 있었다; 崔氏는 俞氏의 著書를 가지고 各 地方에 巡廻하야 講習을 식혓스며(安廓 1930/1994:7~8).

『대한문전』을23) 기초로 하되 자신의 문법 인식 체계에 맞추어 그 내용을 수정한 문법서가 되는 셈이다. 두 책의 내용에 대한 직접적인 비교를 통하여 이러한 사실을 더욱 선명히 呈示해 본다.

앞서 2.1절(저술 목적의 변경)에서 『조선문법』은 '문체'에 관심을 보였다 했는데 이에 관한 한 유길준의 『서유견문』(1895)은, 익히 알려졌다시피 선구적 업적이다.

(20) 兪龜堂의 西遊見聞 … 其文體는 諺漢文混用體의 代表가 된 것이라.(조선문학사 121)

(20)은 『조선문학사』(1922)의 제6장(最近文學)에 나오는 진술인데 안확이 "諺漢文混用體"(=국한문 혼용체)의 대표로서 『서유견문』을 지목한 대목이다. 이로써 문체의 면에서 안확의 『조선문법』에 미친 유길준의 영향이 가히 짐작된다. 이는 용어의 면에서도 마찬가지다(2.2절 참조).

(21) ㄱ. 父音, 接續詞, 助動詞, 說明語, 修飾語(대한문전)
    ㄴ. 父音, 後詞, 助動詞, 說明語, 修飾語(죠)
(22) 兪吉濬 氏는 後詞를 接續詞의 一種으로 認하얏나니 此等 說論이 다 文法上 原理를 捨한 것이라.(조선어원론 190)

(21)은, 『대한문전』의 '接續詞'(=조사)가 『조선문법』에서 '後詞'로 대응되어 있는 점을 제외하면24) 양자가 동일한 용어를 택하고 있음을 알려 준다. 흥미롭게도 (22)에서는 그가 '조사'에 대해 유길준의 용어(즉

---

23) 이하의 『대한문전』은 모두 유길준의 것을 가리킨다. 구별을 위해 최광옥의 『대한문전』에 대해서는 저자명을 덧붙인다.
24) 최광옥의 『대한문전』에서는 이 '조사'마저도 '後詞'라 하였으므로 안확의 『조선문법』에 최광옥의 영향이 전혀 없었던 것 같지는 않다.

'接續詞')를 따르지 않은 이유를 마저 밝히고 있다.

모음과 자음에 관해서도 양자는 거의 평행한 인식을 보여 준다. 『대한문전』과 『조선문법』 모두에서, 당시의 '에, 애'를 이중모음으로 이해하며 경음을 "激音"으로25) 부르고 있는 것이다(『조선문법』의 경우는 2.3절의 A항 참조).

(23) ㄱ. 複重母音은 三個의 母音이 連合ᄒ야 成ᄒ는 者이니 假令 'ᅫ, ᅰ'(대한문전 12)
    ㄴ. 二個의 同一한 父音의 初發音이 合ᄒ야 一個 父音을 成ᄒ는 時ᄂ 其音이 激促ᄒᆫ 故로 '激音'이라 稱ᄒ나니라. 假令 ㄲ, ㄸ, ㅃ, ㅆ, ㅉ(대한문전 9)

아울러 2.3절의 C항에서 살펴보았듯, 문장성분을 단선적으로 분류한 점도 양자가 공통된다. 이들을 나열해 보이면 다음과 같다.

(24) ㄱ. 主語, 說明語, 客語, 補足語, 修飾語(대한문전)
    ㄴ. 主語, 說明語, 客語, 補語, 修飾語(圖)

'補足語'와 '補語'의 차이를 제외하면 양자는 동일하다. 이마저도 용어상으로만 다를 뿐 기능상으로는 다르지 않다. 이러한 사실은 『대한문전』과 『조선문법』 사이의 직접적인 영향 관계를 부정하기 어렵게 한다. 더욱이 서양 문법의 모방이라는 면에서 두 책이 공통성을 드러내는 다음 사항들에26) 이르러서는 후자가 전자의 문법에 기초하였음이 여실히

---

25) 다만 경음을 "二個"의 동일 자음의 "合"으로 본 『대한문전』과 달리 『조선문법』에서는 이를 단일 자음으로 이해하고 있었던 듯하다; 此 激音을 同一한 兩音이 一時에 幷發하는 것 卽 重父音이라 하며 又 或은 本音의 둘만큼 단ᄊ하게 發한다 하니 그러면 本音이 强大할 뿐이오, 短激의 聲이 안이니라.(6면) 이로써 보면 안확의 『조선문법』(1917)은 경음을 단일 자음으로 인식한 첫 국어 문법서가 되는 셈이다.

드러난다.

    (25) ㄱ. 特立名詞, 普通名詞, 變化名詞(대한문전)

        ㄴ. 普通名詞, 特別名詞, 變体名詞(圣)[27]

    (26) ㄱ. 關係代名詞 : 一代名詞가 語句의 前或後에 在ᄒ야 其上或下의

          語句를 聯關ᄒ는 同時에 又 其意義를 表出ᄒ는 者(대한문전 28)

        ㄴ. 關係代名詞 : 動詞의 여러 가지 分詞를 合하야 言語事物及能力

          의 其意義를 代稱하는 말(圣29)

    (27) ㄱ. 前置 形容詞와 後置 形容詞(대한문전)

        ㄴ. 前置詞와 後置詞(圣)

(25)~(27) 또한 『대한문전』과 『조선문법』에 공히 존재하는 문법 사항이다.[28] 이처럼 서양 문법을 모방한 데 있어서도 두 문헌이 일치하는바 이들은 후자에 대한 전자의 영향 관계를 실증한다. 이로 미루어 볼 때 다음 사항의 출현도 『대한문전』의 영향에서 비롯한 것으로 여겨진다.

    (28) ㄱ. 單主語 : 개가 간다, 複主語 : 개와 말이 간다, 總主語 : 가을은

          달이 밝소(대한문전 92~93)

        ㄴ. 單主語 : 소가 간다, 複主語 : 소와 말이 다라난다, 總主語 : 가을

          은 달이 밝다, 副主語 : 가을은 달이 밝다(圣71~72)

『조선문법』에서 '단주어, 복주어, 총주어'를 상정한 것이 『대한문전』과 관련 있으리라는 말이다. 그러면서도 '총주어'에[29] 대해 추가로 (28

---

26) 이들의 도입은 서양 문법서로부터가 아니라 일본 문법서를 매개로 하여 이루어졌다(姜 馥樹 1972:76~100).

27) 이 이외에도 『조선문법』에서 '集合名詞, 有形名詞, 無形名詞, 抽象名詞, 複合名詞' 등 을 더 들고 있다(2.4절 참조).

28) 이들은 국어를 설명하는 데 유용하지 않아, 『조선문법』에서 중요하게 다루어졌음에도 불구하고 『수정조선문법』에서는 삭제되었다(2.4절 참조).

ㄴ)에서 "副主語"를 설정하고 있다는 사실로부터, 안확이『대한문전』의 문법을 받아들이되 자신의 인식 체계에 맞추어 이를 수정하였음을 다시 한 번 확인하게 된다. 그의 문법에서『대한문전』이 완전히 극복된 것은, 그 이후 6년이 지나『수정조선문법』에 이르러서의 일이었다.

4. 맺음말

『조선문법』과『수정조선문법』두 책은 6년의 격차를 지닌다. 따라서 그러한 격차 속에 그 몇 년간, 안확이 접한 여러 문법 관련 저술들이 놓이게 된다. 이로부터 다음 두 가지 궁금증이 제기된다. 첫째, 안확은 어떤 문법서를 바탕으로『조선문법』(1917)을 구성하였을까. 둘째,『수정조선문법』(1923)으로의 '修正'에는 어떠한 문법서들이 영향을 미쳤을까.[30] 이들 문제 중에 이 논문은 전자에 초점이 맞추어졌다.

안확의 문법은 유길준의『대한문전』을 출발점으로 하였다. 그리하여 안확은『대한문전』의 체계나 용어를 바탕으로 초기 문법서『조선문법』을 구성하였다. 한국어학사를 되돌아볼 때, 안확의『조선문법』은 유길준 문법의 거의 유일한 계승자였던 셈이다. 그렇더라도 그의『조선문법』은『대한문전』을 그대로 수용한 것이 아니었다.『대한문전』의 체재가 국어를 제대로 반영하지 못하였다고 판단되는 사항에 대해서는 과감히 자신의 문법 체계를 새로이 내세웠던 것이다.『대한문전』의 8품사(명사, 대명사, 동사, 형용사, 부사, 후사=조사, 접속사, 감탄사)를 받아들이

---

29) 姜馥樹(1972:99)에 따르면, '총주어' 개념은 일본 문법서의 영향에서 비롯하여『대한문전』에 도입된 것이다.

30) 이에 대해서는 姜馥樹(1972:196~203)와 具本寬(2003)에 어느 정도 정리되어 있다.

지 않고 독자적으로 10품사(명사, 대명사, 수사, 동사, 형용사, 부사, 후사=조사, 접속사, 감동사, 조동사=어미)를 설정한 데서 이러한 그의 문법 서술 태도를 단적으로 엿볼 수 있다.

하지만 안확이 보인 초기의 문법 체계는 아주 수준 높은 것은 아니었다. 서양 문법을 모방한 문법 사항을 그대로 받아들이고 있다는 점이 이를 명백히 보여 준다. 그리하여 그는 자신의 『조선문법』에 "多少 不充分한 点이 잇슴"을 깨달아 "이를 增訂 修補"(㊦ 要旨2)하여 『수정조선문법』을 간행하였다. 그는 『수정조선문법』에서 자신이 새로이 획득한 문법 체계에 따라 자신의 초기 문법을 상당 부분 수정하였다. 이러한 수정과 문법 사항의 보충에, 『조선문법』의 간행 이후 그가 두루 접한 보편문법이 관여하고 있었음은 두말할 필요도 없다.

참고문헌

姜馥樹(1972), 『國語文法史硏究』, 형설출판사.

고영근(1998), 『한국어문운동과 근대화』, 탑출판사.

權五聖・李泰鎭・崔元植 편(1994), 『自山安廓國學論著集』, 여강출판사.

具本寬(2003), 「安自山의 언어관과 국어 연구」, 『어문연구』 31-1, 367~391.

金敏洙(1957/1960), 「<大韓文典>攷」, 『국어문법론연구』(金敏洙 著), 통문관, 269~333.

金敏洙(1986), 「安自山 <修正 朝鮮文法> 解說」, 『歷代韓國文法大系』(金敏洙・河東鎬・高永根 편) 1-26, 탑출판사.

安秉禧(2003), 「安廓의 生涯와 한글연구」, 『어문연구』 31-1, 321~344.

安 廓(1915), 「朝鮮語의 價値」, 『學之光』 4, 36~38.

安 廓(1922), 「朝鮮語原論」, 『朝鮮文學史』(安廓 著), 韓一書店, 176~240.

安 廓(1923), 『修正 朝鮮文法』, 『歷代韓國文法大系』(金敏洙・河東鎬・高永根 편) 1-26, 탑출판사.

安 廓(1927/1994), 「竝書不可論」, 『自山安廓國學論著集』(權五聖・李泰鎭・崔元植 편) 4, 여강출판사, 55~61.

安 廓(1930/1994), 「各國의 綴字論과 한글問題」, 『自山安廓國學論著集』(權五聖・李泰鎭・崔元植 편) 4, 여강출판사, 3~8.

吳玉梅(2008), 「초창기 한국어 문법 용어에 대한 연구: 1897년~1937년 문법서를 중심으로」, 박사학위 논문(서울대).

兪吉濬(1909), 『大韓文典』, 『歷代韓國文法大系』(金敏洙・河東鎬・高永根 편) 1-06, 탑출판사.

李基文(1988/1994), 「安自山의 國語 硏究: 특히 그의 周時經 批判에 대하여」, 『自山安廓國學論著集』(權五聖・李泰鎭・崔元植 편) 6, 여강출판사, 77~99.

정승철(2003), 「『국어문법』(주시경)과 English Lessons」, 『국어국문학』 134, 73~97.

정승철(2009), 「어문민족주의와 표준어의 정립」, 『인문논총』 23, 경남대 인문과학연구소, 159~180.

崔光玉(1908), 『大韓文典』, 『歷代韓國文法大系』(金敏洙·河東鎬·高永根 편) 1-05, 탑출판사.

안확(安廓)과 수사(數詞)
- 초판본『조선문법(朝鮮文法)』(1917)을 중심으로-

1. 머리말

'의미(meaning)', '기능(function)', '형식(form)'이라는 품사 분류 기준을 엄밀하게 적용한다면 한국어의 수사(數詞)를 독립된 품사로 인정할 수 있는 부분은 '의미' 외에는 찾기 어려울 것이다. 수사를 포함하여 명사, 대명사를 체언이라고 부르는 것은 그 기능상의 공통성에 기인한 것이고 역시 명사, 대명사, 수사는 형식이 변하지 않는 품사라는 점에서 공통되기 때문이다. 한국어에서 곡용을 인정하여 이들을 가변어로 처리한다고 해도 역시 형식에서는 명사, 대명사가 수사와 구분되지 않기는 마찬가지이다.[1]

우리 문법에서 수사를 설정한 것은 외국인이 먼저이며 이는 Under-wood(1890)까지 거슬러 올라간다. Ridel(1881)에서는 수사가 형용사에 편입되어 있었으나 Underwood(1890)에서는 한국어의 품사를 명사, 대명사, 수사, 후치사, 동사, 형용사, 부사, 접속사로 나누었다. Scott(1893)

---

[1] 이러한 측면은 명사, 대명사의 경우도 마찬가지라고 할 수 있다. 따라서 명사, 대명사, 수사를 각각 독립된 품사의 하나로 인정하지 않고 전체를 명사 하나로 간주하자는 견해가 적지 않았던 것은 주지의 사실이다.

에서도 수사가 설정되어 있다. Scott(1893)은 '언문말칙'이라는 제목이 붙은 Scott(1887)의 수정재판이다. Scott(1887)에서는 명사, 형용사, 대명사, 동사, 부사, 후치사, 접속사의 품사가 제시되어 있었는데 Scott(1893)에서는 명사, 대명사, 수사, 형용사, 동사, 부사, 후치사와 같이 품사의 순서가 바뀌었을 뿐만 아니라 Scott(1887)에서는 없었던 수사가 새로 추가되었다.[2] 前間恭作(1909), 高橋亨(1909)에서도 한국어의 품사에 수사를 설정한 바 있다.

고영근(2001:80)에 의하면 한국인으로 수사를 처음 설정한 것은 안확(1923)으로 되어 있다. 그런데 안확(1923)은 안확(1917)의 수정재판이다. 고영근(2001)에서 안확(1917)을 대상으로 삼지 않고 이의 수정재판인 안확(1923)을 대상으로 삼은 것은 그 당시까지는 안확(1917)의 소재가 확인되지 않았기 때문이다. 그러나 안확(1917)은 최근 정승철(2012a)를 통해 그 소재가 확인됨으로써 한국인에 의한 수사 설정은 명실상부하게 안확(1917)로까지 거슬러 올라간 셈이다.[3]

본고에서는 이러한 사정을 바탕으로 하여 최근 그 소재가 파악된 안확(1917)에서의 수사 설정에 대해 살펴보려는 것이 주된 목적이다. 한국인으로서는 안확(1917)에서 품사로서의 수사가 처음 확인되는 만큼

---

2) 고영근(2001:80)에서는 "수사는 일찍이 Scott의 『사과지남』(1893, 재판)에 설정된 일이 있다."고 언급한 바 있다. 우선 『사과지남』은 Scott의 것이 아니라 Gale의 것이므로 『언문말칙』의 잘못으로 보이지만 '『언문말칙』'은 Scott(1887)에만 표시되어 있을 뿐 Scott(1893)에는 이러한 표시가 없다. 그리고 보다 중요한 것으로 Scott(1887)에는 수사가 설정되어 있지 않고 수사가 설정된 Scott(1893)은 Underwood(1890)보다 나중이므로 고영근(2001:80)의 언급은 적어도 "수사는 일찍이 Underwood(1890)에 설정된 일이 있다." 정도로 바뀌어야 할 것이다. 한편 Underwood(1890)는 1915년에 재판이 나왔지만 '음성학, 특수표현식, 편지투'가 부록으로 추가되었을 뿐 나머지는 변화가 없다. 자세한 것은 역대한국문법대계 ② 12에 제시되어 있는 해제를 참고하기 바란다. 고영근, 『역대한국문법의 통합적 연구』, 서울대학교 출판부, 2001, p.80.

3) 안확의 생애에 대해서는 안병희(2003), 정승철(2012b)에 자세하므로 여기서는 이에 대해서는 따로 언급하지 않기로 한다. 안병희, 「안확의 생애와 한글 연구」, 『어문연구』 31-1, 2003 : 정승철, 「자산 안확의 생애와 국어 연구」, 『진단학보』 116, 2012b.

전술한 외국인들과의 영향 관계를 따져볼 필요가 있기 때문이다. 이것은 그동안의 언급처럼 안확의 문법이 일본 문법의 영향을 받았는지를 확인하는 데도 매우 중요하다.

2. 안확(1917) 이전의 한국인에 의한 수사의 인식

전술한 바와 같이 안확(1917) 이전 한국인에 의한 문법서에는 수사가 설정되어 있지 않았다. 이는 세부적으로 다시 두 가지 경우로 나눌 수 있다. 하나는 명사와 대명사는 구별하되 수사는 설정하지 않은 경우이고 다른 하나는 명사와 대명사도 구별하지 않은 경우이다.

먼저 앞의 경우로 들 수 있는 것은 최광옥(1908), 김규식(1908-1909?), 유길준(1909), 김희상(1909) 등이다. 이들 각각은 품사의 수에 있어서는 차이를 보이는 경우가 있었지만 공교롭게도 명사와 대명사는 공통적으로 인정하였고 수사는 모두 인정하지 않았다.

(1) ㄱ. 최광옥(1908)의 품사 체계
　　　명사, 대명사, 동사, 형용사, 부사, 후사(後詞), 접속사, 감탄사
　　ㄴ. 김규식(1908~1909?)의 품사 체계
　　　명사, 대명사, 동사, 형동사(形動詞), 형용사, 부사, 후사, 접속사, 감탄사
　　ㄷ. 유길준(1909)의 품사 체계
　　　명사, 대명사, 동사, 조동사, 형용사, 접속사, 첨부사(添附詞), 감동사
　　ㄹ. 김희상(1909)의 품사 체계
　　　명사, 대명사, 동사, 형용사, 부사, 감탄사, 토

우선 고영근(2001), 장윤희 · 이용(2000)에서도 확인한 것처럼 (1ㄱ)
는 유길준의 4차 고본(稿本)이고 (1ㄷ)는 8차 고본(稿本)인데 둘 사이에
체계에 있어 변동이 적지 않다. 어미를 포괄하는 조동사(助動詞)가 새로
설정된 것이 가장 큰 차이이고4) (1ㄱ)의 후사는 접속사에 통합되었으며
부사는 첨부사로, 감탄사는 감동사로 명칭을 바꾸었다. (1ㄴ)의 형동사
는 Ridel(1881)의 'neutre'를 계승한 Underwood(1890)의 'neuter verb'
즉 'adjective verb'와 같고 명사를 수식하는 limiting adjective가 형용사
에 해당한다. (1ㄹ)는 조사와 어미를 '토'라 한 점이 특이한데 '토'를
독립된 품사로 처음 세운 것으로 평가받은 바 있다.

이들 문법 체계에서 수사는 인정되지 않고 대명사만 인정된 것에는
그 나름의 이유가 있었다고 판단된다. 한국어의 명사는 인칭에 의해 나
뉘지 않지만 대명사는 유독 인칭에 의해 세부적인 부류가 나뉘기 때문
에 이러한 특징만으로도 대명사를 명사와 분별하기가 그만큼 쉬웠을
것이다.5) 또한 이러한 분류 체계는 서양 문법의 영향을 받은 것으로도
해석될 수 있는데 서양의 문법에서는 한국어와 달리 전통적으로 대명
사의 품사로서의 비중이 매우 크게 인정되어 왔다.6)

---

4) '조동사'는 일본 문법의 영향을 단적으로 보여 주는 예이다. 일본 문법에서는 대체로
동사와 형용사의 활용을 인정하면서도 어미에도 단어의 자격을 부여하고 있는데 전술한
前間恭作(1909), 高橋亨(1909)도 역시 이러한 체계를 취하고 있다. 최형용(2013:66)에서
는 이러한 견해를 조사와 어미 처리가 굴절의 인정과 일관적이지 못하다고 본 바 있다.
최형용, 『한국어 형태론의 유형론』, 도서출판 박이정, 2013, p.66.

5) 인칭과 관련된 한국어 대명사의 특징을 포함하여 유형론적 관점에서 본 한국어 대명사
체계의 특징에 대해서는 박진호(2007)을 참고할 수 있다. 박진호, 「유형론적 관점에서
본 한국어 대명사 체계의 특징」, 『국어학』 50, 2007.

6) 그러나 이는 한국어의 대명사와는 차이가 있다는 점에 주의할 필요가 있다. 서양에서는
품사 분류 기준으로서 '형식'이 매우 중요한 역할을 담당하였다. 주지하는 바와 같이
품사 분류 기준으로서의 '형식'은 단어가 변화하느냐의 여부를 따지는 것이다. 가령 영어
의 명사와 대명사는 '형식'을 기준으로 할 때 변화 즉 굴절(inflection)을 보이고 그 방식에
도 차이가 있어 별개의 품사로 구별된다. 그러나 한국어에서는 명사와 대명사 모두 '형식'
을 기준으로 할 때 변화 즉 굴절을 보이지 않고 따라서 그 방식의 차이를 따질 수 없다.

한편 품사로서 명사와 대명사의 구별도 인정하지 않았을 뿐만 아니라 수사도 따로 세우지 않은 품사 체계는 주시경이 대표적이다. 주시경의 품사 분류는 『국문문법』(1905)의 7개에서 시작하여 산제본(刪除本) 『말』(1908)의 6개, 『고등국어문전』(1909)와 『국어문법』(1910)의 9개를 거쳐 『말의소리』(1914)의 6개로 귀결되었지만 이들 변천 과정 속에서도 대명사와 수사가 명사에 포함되어 있는 것에는 변화가 없었다. 가령 『국어문법』(1910)에서는 품사를 다음과 같이 '임, 엇, 움, 겻, 잇, 언, 억, 놀, 끗'의 9개로 나누었는데 연습 문제를 통해 대명사와 수사가 '임' 즉 명사에 소속되어 있음을 확인할 수 있다.

(2) 주시경 『국어문법』(1910)의 품사 체계
　一 임 : 여러 가지 몬과 일을 이름하는 기를 다 이름이라
　　　　(본) 사람, 개, 나무, 돌, 흙, 물, 뜻, 잠, 아츰
　一 엇 : 여러 가지 엇더함을 이르는 기를 다 이름이라
　　　　(본) 히, 크, 단단하, 착하, 이르, 이러하
　一 움 : 여러 가지 움즉임을 이르는 기를 다 이름이라
　　　　(본) 가, 잘, 자, 먹, 따리, 잡, 먹이, 잡히
　一 겻 : 임기의 만이나 움기의 자리를 이르는 여러 가지 기를 다
　　　　이름이라
　　　　(본) 가, 이, 를, 을, 도, 는, 에, 에서, 로, 으로
　一 잇 : 한 말이 한 말에 잇어지게 함을 이르는 여러 가지 기를 다
　　　　이름이라
　　　　(본) 와, 과, 고, 면, 으면, 이면, 나, 으나, 이나, 다가, 는데,
　　　　아, 어
　一 언 : 엇더한(임기)이라[7] 이르는 여러 가지 기를 다 이름이라

이러한 점에서 보면 한국어의 품사 분류에서 대명사를 인정한 것은 서양의 체계를 그대로 따른 것일 가능성이 높다.

[7] 여기에서의 '(임기)'와 아래의 '(움)'은 '엇더한' 다음에 '임기'가 오고 '엇더하게' 다음에 '움'이 온다는 것을 나타낸 것이다.

　　　　(본) 이, 저, 그, 큰, 적은, 엇더한, 무슨, 이른, 착한, 귀한, 한,
　　　　　　두, 세
　　─ 억 : 엇더하게(움)라 이르는 여러 가지 기를 다 이름이라
　　　　(본) 다, 잘, 이리, 저리, 그리, 천천이, 꼭, 정하게, 매우, 곳,
　　　　　　크게, 착하게
　　─ 놀 : 놀나거나 늣기어 나는 소리를 이르는 기를 다 이름이라
　　　　(본) 아, 하, 참
　　─ 끗 : 한 말을 다 맞게 함을 이르는 여러 가지 기를 다 이름이라
　　　　(본) 다, 이다, 냐, 이냐, 아라, 어라, 도다, 오, 소

　(3) ㄱ. 나임는겻 검은고임를겻 타움고잇 너임는겻 노래임을[8]겻 하움자끗
　　　ㄴ. 한아임에겻 둘임을겻 더하움면잇 셋임이요끗

　(2)의 '임'에는 그 예로 명사만 제시되어 있고 대명사나 수사가 제시
되어 있지 않지만 (3)을 보면 대명사와 수사를 명사에 소속시키고 있음
을 알 수 있다. (3)은 주시경이 품사 분류를 위한 연습 문제로 제시한
것의 일부인데 (3ㄱ)에서는 '나, 너'와 같은 대명사에 '임' 즉 명사의
표지가 달려 있고 (3ㄴ)에서는 '한아, 둘, 셋'과 같은 수사에도 '임' 즉
명사의 표지가 달려 있음을 확인할 수 있다.
　주시경이 대명사와 수사를 따로 나누지 않고 이를 '임'에 포함시킨
것은 그의 품사 체계에서 가장 중요한 품사 분류 기준이 '기능'인 데서
이유를 찾아야 할 것이다.[9] 머리말에서 언급한 것처럼 기능의 측면에

---

8) '을'은 '를'의 잘못이다. 고영근 외(2010)에서는 주시경『국어문법』출간 100주년을 기념하
　여 이본(異本)들(1909년 검열본, 1910년본, 1911년본, 1913년본)을 검토하고 잘못을 바로
　잡아 정본을 수립한 바 있다. 고영근·이용·최형용,『주시경 국어문법의 교감과 현대화』,
　도서출판 박이정, 2010.
9) 이는 (2)에서 '언' 즉 관형사에 '큰, 적은', '억' 즉 부사에 '크게, 착하게' 등의 활용형이
　포함되어 있음을 통해 알 수 있다. 한편 최형용(2012)에서는 주시경의 품사 변천을 분류
　기준에 초점을 두어 살펴본 바 있다. 최형용,「분류 기준에서 본 주시경 품사 체계의
　변천에 대하여」,『국어학』63, 2012.

서는 대명사나 수사가 명사와 차이가 나는 점을 발견하기 어렵기 때문에 이를 중시한다면 대명사와 수사가 따로 별개의 품사의 지위를 가질 수 없다. 이처럼 대명사와 수사를 명사에 포함시킨 것은 주시경의 문법 체계를 계승한 김두봉(1916, 1922)에서도 변화가 없다.

3. 안확(1917) 이전의 외국인에 의한 수사의 인식

1) 일본인의 수사 인식과 안확(1923)의 수사 비교

김민수·고영근·하동호(1986)의 안확(1923)에 대한 해제에 따르면 안확의 문법은 일본 明治 시대의 大槻 문법, 이것을 토대로 한 高橋亨 (1909)과 藥師寺知曨(1909) 등에 영향을 입은 것으로 짐작하고 있다. 특히 안확(1923)의 내용을 검토한 구본관(2003)에서도 이러한 서술을 찾아볼 수 있고[10] 안확(1917)을 처음으로 학계에 보고한 정승철(2012a)에서도 이러한 논지가 유지되어 있다.[11]

먼저 大槻 문법, 高橋亨(1909), 藥師寺知曨(1909)에서 한국어의 품사에 대해 설정하고 있는 체계를 살펴보기로 하자.

(4) ㄱ. 大槻 문법의 품사 체계
　　　명사, 동사, 형용사, 조동사, 부사, 접속사, 조사, 감동사

---

10) 구본관(2003:382)에서는 특히 수사와 관련하여 서구의 문법이 일본을 거쳐 우리 문법에 영향을 준 것으로 보고 있다. 또한 구본관(2003)에서는 안확(1923)에 대한 검토를 바탕으로 안확이 유길준의 뒤를 이어 박승빈으로 이어지는 계보의 가운데를 점하고 있다고 평가한 바 있다. 구본관, 「安自山의 언어관과 국어 연구」, 『어문연구』 31-1, 2003, p.382.

11) 그러나 정승철(2012a)에서는 수사에 대해서는 따로 언급하고 있는 것이 없다. 정승철, 「안확의 『朝鮮文法』(1917)에 대하여」, 『한국문화』(서울대) 58, 2012a.

ㄴ. 高橋亨(1909)의 품사 체계
　명사, 대명사, 수사, 동사, 형용사, 조동사, 부사, 접속사, 조사,
　감탄사
ㄷ. 藥師寺知曨(1909)의 품사 체계
　명사(대명사, 수사), 동사, 형용사, 조동사, 부사, 접속사, 조사,
　감탄사

　(4ㄷ)에서는 명사 아래 '대명사, 수사'가 따로 설정되어 있다는 점에
서 차이가 있기는 하지만 큰 틀에서는 (4ㄴ)와 품사 체계가 크게 다르
지 않다. 이러한 점에서 보면 (4ㄴ), (4ㄷ)는 (4ㄱ)와는 대명사와 수사를
인정하고 있다는 점에서 차이가 있다. 주시경(1910)에 대해 언급한 것
처럼 (4ㄱ)는 품사 분류의 기준 가운데 '기능'을 중시한 것이라 할 수
있다.
　그렇다면 안확(1923)에서의 품사 체계는 어떠한지 (4)의 일본 문법과
비교해 보기로 하자.

　(5) 안확(1923)의 품사 체계
　　명사, 대명사, 수사, 동사, 형용사, 조동사, 부사, 접속사, 조사, 감동사

　품사의 체계 면에서만 본다면 안확(1923)의 품사 체계는 특히 (4ㄴ)
高橋亨(1909)의 '감탄사'를 '감동사'로 바꾼 것 외에는 차이가 없다. 따
라서 안확(1923)의 품사 체계는 지금까지의 견해처럼 일본 문법 특히
高橋亨(1909)의 품사 체계를 바탕으로 한 것이라고 할 수 있다.
　그러나 이러한 품사 체계에서의 공통성이 구체적인 내용에서의 동일
성으로 결과되는 것은 아니라는 점에 주목하고자 한다. 高橋亨(1909)에
서의 수사는 다음과 같은 내용으로 구성되어 있다.

(6) 高橋亨(1909)에서의 수사 체계

　　ㄱ. 사물의 수량

　　　① 하나, 둘, 셋, 넷,[12] 다섯, 여섯, 일곱, 여덜, 아홉, 열, 열하나,
　　　　열둘, 스물, 설흔, 마흔, 쉬흔, 예순, 일흔, 여든, 아흔

　　　② 一, 二, 三, 四, 五, 六, 七, 八, 九, 十, 十一, 十二, 二十, 三十,
　　　　四十, 五十, 六十, 七十, 八十, 九十, 百, 千, 萬, 億

　　　③ 몟, 얼마

　　ㄴ. 사물의 순서

　　　① 첫지 …

　　　② 第一, 第二, 第三 …

　　　③ 몟지

(6)에 제시되어 있는 수사는 (6ㄱ) 양수사의 고유어와 한자어, (6ㄴ) 서수사의 고유어와 한자어의 체계로 현대 한국어의 학교문법과 큰 차이가 없다.

이를 안확(1923)의 수사 체계와 비교해 보기로 하자.

(7) 안확(1923)에서의 수사 체계

　　ㄱ. 원수사(元數詞)

　　　하나(一), 둘(二), 셋(三), 넷(四), 다섯(五), 여섯(六), 닐곱(七),
　　　여덜(八), 아홉(九), 열(十), 스믈(二十), 설흔(三十), 마흔(四十),
　　　쉬흔(五十), 예순(六十), 닐흔(七十), 아흔(九十), 백(百), 천(千),
　　　만(萬)

　　ㄴ. 서수사(序數詞)

　　　첫재(第一), 둘재(第二), 셋재, 넷재, 다섯재, 여섯재, 뎨일, 뎨이,
　　　뎨삼, 뎨오, 갑(甲), 을(乙), 병(丙), 뎡(丁)

　　ㄷ. 조수사(助數詞)

　　　짐(負), 자(尺), 뭇(束), 리(里), 되(升), 필(匹), 분(位), 개(箇), 달

---

12) '넷'은 '넷'의 잘못으로 보인다.

(月), 해(年)

(7)에서 알 수 있는 바와 같이 서수사에 '갑, 을, 병, 정'과 같은 말들이 추가되어 있기는 하지만 (7가, 나)까지는 高橋亨(1909)의 체계와 차이가 없다고 할 수 있다. 그런데 안확(1923)에 제시된 (7다)의 조수사(助數詞)는 高橋亨(1909)뿐만이 아니라 藥師寺知矓(1909)에서도 찾아볼 수 없다. 주지하는 바와 같이 안확(1923)의 조수사는 현대의 단위성 의존명사 혹은 분류사로 불리는 것과 큰 차이가 없다.

그리고 안확(1923)에서는 수사의 용법 부분에서 원수사와 조수사의 용법을 정리하고 있는데 이를 제시하면 다음과 같다.

(8) 안확(1923)에서의 수사의 용법
　ㄱ. 원수사(元數詞)의 용법
　　① 원수사가 조수사와 합할 때 변하는 것
　　　한(一), 두(二), 서(三), 세, 석, 너(四), 네, 넉, 닷(五), 대, 엿(六)
　　② 수사가 불명할 때 이수(二數)를 합하는 법
　　　한둘(一二), 두셋(二三), 서넛(三四), 너덧(四五), 이삼십(二三十), 칠팔십(七八十)
　　③ 부정(不定)의 다수(多數)를 위(謂)하는 법
　　　열아문(十假量), 스문아문(二十假量), 오백(五百), 천(千), 삼천(三千), 천만(千萬), 골백잘천(千萬)
　ㄴ. 조수사(助數詞)의 용법
　　① 상등(相等)한 형질(形質)에 취(就)하야 통용(通用)하는 것
　　　종의(紙) - 한 장, 구둘(煙突石) - 한 장, 개와(瓦) - 한 장
　　　새(鳥) - 열 마리, 소(牛) - 열 마리, 붕어(鯉) - 열 마리
　　　두부(豆腐) - 한 채, 묵 - 한 채, 집(家) - 한 채
　　② 비유(譬喩)에 의(依)하야 전용(轉用)하는 것
　　　형데(兄弟) - 한 씨(種), 나히(年) - 백 살(矢), 비(雨) - 한 줄기

쌀(米) - 열 섬(石), 암치 - 한 손(手)

먼저 (8ㄴ)에서 제시한 조수사의 용법은 전술한 단위성 의존 명사의 용법을 밝힌 것이다. (8ㄱ)에서 제시한 원수사의 용법 가운데 '한, 두'와 같은 것은 현행 학교문법에서 수관형사로 불리는 것이라는 점에서 주목을 요한다. 주시경(1910)에서는 이를 '언' 즉 관형사에 넣은 바 있는데 안확(1923)에서는 이를 수사의 변이형으로 간주하고 있기 때문이다.[13] 그 외에 '한둘'이나 '열아문' 등은 넓은 의미에서 부정수(不定數)에 대해서도 인식하고 있었음을 보여 준다. 전술한 高橋亨(1909)에서는 이에 대해서도 따로 언급하고 있지 않다.

이상의 내용을 발판으로 하면 기존의 논의와는 달리 안확(1923)의 수사가 세부적인 내용 면에서는 일본 문법의 영향을 직접적으로 받은 것이라고 단정하기 어렵다는 것을 알 수 있다.

2) 서양인의 수사 인식과 안확(1923)의 수사 비교

머리말에서 언급한 바와 같이 서양인의 수사에 대한 인식은 Under-wood(1890)에까지 거슬러 올라 갈 수 있다. 본고에서는 안확(1917, 1923)의 수사 체계와 관련하여 특히 Underwood(1890)의 수사에 주목하고자 한다. Underwood(1890)에서는 수사 아래에 다음과 같은 내용들을 다루고 있다.

---

13) 주지하는 바와 같이 '한, 두'와 같은 것들을 수사의 범주에 넣을지 아니면 관형사의 범주에서 다루어야 할지에 대해서는 지금까지도 갑론을박의 대상이 되고 있다. 이러한 점에서 보면 안확과 주시경은 이들 품사에 대해서도 대척점에 서 있는 셈이 된다.

(9) Underwood(1890)에서의 수사

　ㄱ. 기수의 두 계열 - 고유어 기수, 한자어 기수

　ㄴ. 고유어 수사의 두 용법 - 명사적 용법과 형용사적 용법

　ㄷ. 특정 분류사

　ㄹ. 한국의 돈

　ㅁ. 서수 형성법

　ㅂ. 시간과 계절

　ㅅ. 분수와 배수

　ㅇ. 무게와 척도

　우선 (9)를 전체적으로 볼 때 Underwood(1890)에서의 수사는 지금까지 살펴본 어떤 학자의 수사보다 그 내용이 포괄적임을 알 수 있다.14) (9ㄹ, ㅂ, ㅅ, ㅇ)의 내용이 이를 단적으로 보여 준다. 전술한 일본 문법이나 안확(1923)에서도 이에 대한 내용은 찾아보기 힘들다.15)

　특히 안확의 수사에 초점을 맞추려는 본고의 논의와 관련하여 Underwood(1890)에서 주목할 것은 (9ㄴ)와 (9ㄷ)이다. 먼저 (9ㄴ)에서 명사적 용법이라고 한 것은 고유어 기수 '호나, 둘, 셋, 넷, 다슷, 여슷'처럼 자립적으로 사용되는 것을 일컫는 것이고 형용사적 용법이라고 한 것은 '흔, 두, 세, 네, 닷, 엿'처럼 수식적 용법으로 사용되는 것을 지칭한 것이다.16) 물론 한자어의 경우에는 두 용법이 구별되지 않는다는 점도 기술되어 있다.

　다음으로 (9ㄷ)의 '특정 분류사'는 'specific classifiers'를 번역한 것인

---

14) 이는 Underwood(1890)에서의 수사가 'numeral'의 번역어라는 것과 관련이 있다고 할 수 있다. Underwood(1890)에서도 기수와 서수에 대해서는 'number'라는 단어를 쓰고 있다. 이렇게 보면 高橋亨(1909), 藥師寺知朧(1909)에서의 수사는 'number'에 대응하고 안확(1923)에서의 수사는 'number'보다는 'numeral'에 가깝다는 것을 알 수 있다.

15) 藥師寺知朧(1909)에서도 '돈', '놀, 들' 등이 출현하지만 이것은 어디까지나 이들과 수사의 결합에서 나타나는 수사의 변화에 주목하기 위한 것이라는 점에 주의할 필요가 있다.

16) 이것이 중요한 이유에 대해서는 안확(1917)의 검토를 통해 후술하고자 한다.

데 이에는 다음과 같은 것들이 제시되어 있다.

(10) Underwood(1890)에서의 특정 분류사
개, 슷, 권, 켜리, 마리, 명, 낫, 립, 벌, 부, 병, 필, 편, 쌍, 셤(석),
셰, 덩이, 동, 자로, 쌱, 쟝, 좌, 쪽, 척

Underwood(1890:56)에서는 (10)의 예들이 'numerals', 'auxiliary nu-merals', 'classifying numbers', 'classifiers'라고도 불리는데 'specific nu-merals'로 부르는 것이 제일 나아 보인다고 하였다. 이 가운데 우리의 눈에 띄는 것은 'auxiliary numerals'라는 명칭이다. 이것은 안확(1923) 의 수사 체계 (7)에서 언급한 바 있는 '조수사'와 일치하는 것으로 보아 크게 문제가 없기 때문이다.

한편 Scott(1887)의 형용사에서 수사를 분리하여 Scott(1893)에서는 별도의 품사 자격을 부여하고 있다고 한 바 있다. Scott(1893)에서는 기 수와 서수를 한자어와 고유어로 나누어 제시하고 있는데 이는 高橋亨 (1909), 안확(1923)과 공통된다. Scott(1893)에서는 'ᄒᆞ나'에 대해 '한'은 수사의 축약형(abbreviated form)이라고 한 바 있는데 이는 안확(1923) 과 동일하다. 또한 '두세 가지' 등의 예를 들어 부정수(不定數)에 대해서 도 언급하였으며 '분, 명, 놈'은 사람, '머리, 마리'는 동물 등에 쓰이는 분류사임을 밝히고 있는데 이것도 안확(1923)과 일맥상통한다.

지금까지 안확(1917) 이전의 외국인에 의한 한국어 수사의 인식에 대해 살펴보았다. 그 내용을 보면 적어도 수사에 대해서 기존에 일본 문법의 영향을 받은 것으로 언급되어 온 것은 수사를 포함한 품사 체계 에 국한되는 것이고 수사에만 한정하여 그 내용을 살펴보면 안확(1923) 의 수사와 가장 흡사한 것은 Scott(1893)임을 알 수 있다. 그리고 안확

(1923)에서의 '조수사'는 Underwood(1890)의 'auxiliary numerals'와 명칭의 측면에서 직접적인 연관성을 가진다는 것을 알 수 있었다.

4. 안확(1917)에서의 수사의 특징

이제 이상의 논의를 바탕으로 초판본 안확(1917)에 대해 살펴보기로 한다. 본고에서 대본(臺本)으로 삼은 것은 이화여대 소장본이다.[17]

1) 안확(1917)과 안확(1923)의 비교

안확(1917)에서의 수사에 대해 논의를 집중하기 전에 안확(1917)이 안확(1923)과 어떤 차이를 가지고 있는지 먼저 살펴볼 필요가 있다.

우선 초판은 87면인 데 비해 수정재판은 본문이 137면으로 그 양이 적지 않게 늘어났다.[18] 이는 수정재판 '저술요지' 끝 부분에 "초판(初版)에 재(在)하야는 다소(多少) 불충분(不充分)한 점(点)이 잇슴을 영오

---

17) 정승철(2012a)에는 언급이 없지만 원래 이화여대 도서관에서는 '안확'을 '안곽'으로 표시하였었다. '廓'이 일반적으로 '곽'으로 읽히기 때문일 것이다. 그러나 이름에서는 '확'으로 읽어야 하며 필자의 지적을 통해 지금은 '안곽'이 '안확'으로 바로잡혀 있다. 검색을 해 보면 고대 도서관에도 안확(1917)이 소장되어 있는 것으로 나온다. 그러나 세부 내용을 보면 전체 내용이 137쪽으로 제시되어 있다는 점에서 고대 도서관에 소장되어 있는 것은 안확(1917)이 아니라 안확(1923)임을 예상하기 어렵지 않다. 『역대한국문법대계』 후속판에서는 당시 구하지 못했던 안확(1917)을 가로쓰기로 바꾸고 한자를 괄호에 넣어 입력한 상태로 출간할 예정이다. 정승철, 앞의 논문, 2012a.

18) 안확(1923)에 대한 보다 자세한 내용 소개는 구본관(2003)을 참조하고 안확(1917)과 안확(1923)에 대한 보다 자세한 비교는 정승철(2012a)를 참고할 것. 그러나 전술한 바와 같이 안확(1917)에 대해 처음으로 언급한 정승철(2012a)에서는 수사에 대한 언급을 찾을 수 없다는 점에서 아쉬움이 남는다. 구본관, 앞의 논문 : 정승철, 앞의 논문, 2012a.

(領悟)함이 잇는지라 고로 금번(今番) 재판(再版)에 취(就)하야는 이를 증정(增訂)수보(修補)하야 완전(完全)을 취(取)함이라"라고 적은 데서 그 이유를 살필 수 있다.

다음으로 목차는 곧 내용의 조직을 반영하는데 수정재판과 달라진 부분이 적지 않다. 이를 우선 표로 정리하여 대조하면 다음과 같다.

(11) 안확(1917)과 안확(1923)의 목차 비교

초판(1917년)	수정재판(1923년)
제1편 총론 ⋮ 제4장 성음(聲音) 제5장 연음(連音)의 변화(變化)	제1편 총론 ⋮ 제4장 음성(音聲) 제5장 음(音)의 전변(轉變)
제2편 원사론(元詞論) 제1장 원사(元詞)총론(叢論) 제2장 명사(名詞) 명사(名詞)의 종류(種類) 명사(名詞)의 음양(陰陽) 지유(指幼)명사(名詞) 명사(名詞)의 수량(數量) 명사(名詞)의 위격(位格) 명사(名詞)의 작법(作法) 제3장 대명사(代名詞) 제4장 수사(數詞) 제5장 동사(動詞) 동사(動詞)의 종류(種類) 동사(動詞)의 시(時) 분사(分詞) 접성(接成)변화(變化) 동사(動詞)의 완성(完成) 제6장 형용사(形容詞) 형용사(形容詞)의 종류(種類) 형용사(形容詞)의 용법(用法) 형용사(形容詞)의 양(量)	제2편 원사론(元詞論) 제1장 명사(名詞) 제1절 명사의 정의 제2절 명사의 특종(特種) 제3절 명사의 용법 제2장 대명사 제1절 대명사의 정의 及 종류 제2절 대명사의 용법 제3장 수사 제1절 수사의 정의 及 종류 제2절 수사의 용법 제4장 부사 제1절 부사의 정의 제2절 부사의 용법 제5장 접속사 제6장 감동사 제7장 동사 제1절 동사의 정의 제2절 동사의 변화 제3절 지체(支體)의 발용(發用) 제4절 동사의 성(性)

총론에서는 초판과 달리 수정재판에서 문법의 정의가 추가된 것 외에는 큰 차이가 없다. 원사론에서는 초판과 수정재판 모두 10개의 품사를 설정하고 있고 초판의 '후사'가 수정재판에서는 사라지고 '조사'가 등장하였다. 이는 단순한 명칭의 변화가 아니라 초판의 후사는 명사, 대명사, 수사와 결합하는 것들만 지시하는 데 비해 수정재판의 '조사'는 어미를 포괄하는 '토'를 의미한다는 점에서 차이가 있다. 또한 각각의 품사 세부별로도 내용에서의 변화가 적지 않다.

　우선 초판에서는 명사를 8종으로 나누어 상당히 자세한 설명을 베풀었으나 수정재판에서는 이러한 구별이 폐지되어 매우 간단하게 되어 있고 대명사는 초판에서는 인대명사(人代名詞), 지시대명사(指示代名詞), 부정대명사(不定代名詞), 다류대명사(多類代名詞), 관계대명사(關係代名詞) 등 5종으로 나누었으나 수정재판에서는 관계대명사를 '접미어(接尾語)'로 다루면서 4종으로 수정되었다. 수사의 이동(異同)에 대해서는 후술하기로 한다.

　동사의 경우는 특히 변화가 적지 않은데 용어뿐만이 아니라 체계 자체도 일일이 언급하기 어려울 정도로 달라졌다. 가령 어간에 어미가 결합하는 양상을 초판에서는 무간음동사(無間音動詞), 단간음동사(單間音動詞), 이간음동사(二間音動詞), 변원동사(變原動詞)처럼 동사의 종류로 나누었으나 수정재판에서는 이를 격(格)이라고 하여 원격(原格), 곡원격(曲原格), 지격(支格), 곡지격(曲支格), 변격(變格)으로 나누었고 문장의 종류도 초판에서는 평술(平述), 의문(疑問), 명령(命令), 공명(共命), 기구(記述)의 5종으로 나누었으나 수정재판에서는 이를 지정(指定), 거부(拒否), 의문(疑問), 명령(命令), 희망(希望), 금지(禁止)의 6종으로 나누었다. 초판의 공명은 현대어의 청유에 해당하고 수정판의 거부는 '안', '못' 부정, 금지는 부정 명령(말아라)에 해당한다는 점에서 그 변폭이 상당히 큰 편이다. 초판에서 제시되었던 '시(時)의 분사(分詞)'는 수정재판에서는 아예 자취를 감추었다. 이러한 차이는 형용사에도 반영되어 초판에서는 특별한 언급이 없었던 형용사의 활용 양상이 수정재판에서는 동사에 맞추어 원격(原格), 곡원격(曲原格), 지격(支格), 곡지격(曲支格), 변격(變格)으로 나뉘어 제시되었다.

조동사는 초판과 수정재판이 큰 차이가 없어 보이지만 초판에서는 명사, 대명사, 수사와 결합하는 것이 후사였던 반면 수정재판에서는 이들을 포함하여 어미가 '조사'로 포괄되면서 조동사에 대해서도 '조사의 일종'이라는 언급이 추가되었다. 또한 수정재판의 동사, 형용사의 활용 체계에 따라 조동사의 체계도 함께 수정되었다는 점에서 차이가 있다.

부사는 세부적인 내용에서는 차이가 없는 것은 아니지만 순수 부사뿐만이 아니라 체언과 조사 결합형, 용언과 어미 결합형 등 부사어도 포괄하고 있는 점은 초판과 수정재판이 공통된다.

한편 접속사와 감동사는 초판과 수정재판이 대동소이하게 간략하게 제시되어 있다. 초판에는 없던 것으로 수정판에서는 '별종의 어'가 추가되어 있는데 여기에는 접두어, 접미어, 숙어가 제시되어 있다.

문장론에서도 차이가 적지 않다. 우선 문장의 성분은 초판에서는 주어(主語), 설명어(說明語), 객어(客語), 보어(補語), 수식어(修飾語)로 나누었으나 수정재판에서는 이를 크게 두 부분으로 나누어 주어, 용어(用語)를 제1성분이라 하였고 객어, 보어, 속어(屬語), 독립어를 제2성분이라 하였다. 초판의 설명어와 수식어는 수정판의 용어, 속어에 해당하지만 수정판의 독립어는 새로 도입된 것으로서 '일기(日氣)는 가을이 서늘하다', '산과 수에 엇던 것이 됴흔가'의 '일기는, 산과 수에'를 가리키는데 주어와 용어의 '총관계(總關系)'를 표시한다고 하였다. 초판에서는 성분 도치, 생략 등의 문제도 다루었으나 수정재판에서는 이에 대한 내용이 삭제되었으며 대신 초판에는 없었던 문장 구조상의 구별 즉 단문, 복문, 중문, 혼합문의 내용이 도해와 함께 비중 있게 제시되고 있다는 점에서 차이가 적지 않다.

또한 문장의 성분들이 가지는 호응법도 수정재판에서 추가되어 있어 초판과 차이를 보인다. 특히 수정재판에서 동일성분의 생략으로 형성된 글을 복문으로 처리하고 있는 부분은 심층구조 및 변형과 흡사한 인식을 보이는 부분이라 평가된 바 있다.

2) 안확(1917)과 안확(1923)에서의 수사 체계 비교

먼저 안확(1917)에서의 수사 체계를 정리하면 다음과 같다.

(12) 안확(1917)에서의 수사

　　가. 기본수사(基本數詞)

　　　　① 명적(名的) 수사

　　　　　하나, 둘, 셋, 넷, 다섯, 여섯, 닐곱, 여덟, 아홉, 열, 스믈, 설흔,

　　　　　마흔, 쉰, 예순, 닐흔, 여든, 아흔, 백, 천, 만, 억

　　　　　一, 二, 三, 四, 五, 六, 七, 八, 九, 十, 二十, 三十, 百, 千, 萬, 億

　　　　② 형용적(形容的) 수사

　　　　　한, 두, 세(석), 네(넉), 닷(다섯), 엿(여섯)

　　　　　한두, 두세, 세네(서너), 너덧, 예닐곱, 닐여덟, 엿아홉

　　나. 서수사(序數詞)

　　　　첫재, 둘재, 第一, 第二

　　다. 시수사(時數詞)

　　　　한 시, 두 시, 초경, 이경, 일초, 일분

　　　　하로, 이틀, 사흘, 나흘, 닷세, 엿세, 닐에, 여들에, 아흘에, 열흘,

　　　　보름, 스므난, 금음, 어적게, 그적게, 오늘, 래일, 모레

　　　　정월, 이월, 동지달, 섣달, 봄, 여름

　　　　상년, 그럭게, 올해, 래년, 한 살

　　라. 양수사(量數詞)

더, 배, 번, 갑절, 왼

반, 홋, 겹, 쌍, 얼

마. 조수사(助數詞)

짐, 목, 치, 자, 뭇, 동, 켜레, 짝

厘, 圓, 張, 升, 斗

(12ㄱ①)의 '명적 수사'란 명사와 같이 홀로 쓰이는 것을 일컫는 것이고 (12ㄱ②)의 '형용적 수사'란 현행 학교문법의 수관형사를 지시하는 것이다. 그리고 '엿' 다음부터는 '명적 수사'와 모양이 같다고 하였다. (12ㄱ②)의 '한두' 이하는 부정(不定) 수관형사를 의미한다. (12ㄷ)의 '시수사'는 '연, 월, 일' 등을 세는 말이고 (12ㄹ)의 '양수사'는 가감되는 수를 계산하는 말을 따로 수사의 범위에 포함시킨 것인데 '더, 배, 번, 갑절, 왼'은 부사와 통용되고 '반, 홋, 겹, 쌍, 얼'은 형용사와 통용된다고 하였다.[19] (12ㅁ)는 앞에서 계속 언급해 온 분류사에 해당한다.

이러한 초판의 수사 체계를 앞서 제시한 (7)의 수정재판 안확(1923)과 비교해 보기로 한다.

첫째, 안확(1917)은 (12)에 제시한 바와 같이 '기본수사, 서수사, 시수사, 양수사, 조수사'의 다섯 가지로 수사를 세분하였는데 안확(1923)에서는 (7)에 제시한 바와 같이 '원수사, 서수사, 조수사'의 세 가지로 수사를 나누었다. 즉 안확(1917)에는 있었던 '시수사'와 '양수사'가 삭제되고 '기본수사'는 '원수사'로 명칭을 바꾸었다.

둘째, 안확(1917)에서는 '기본수사'에 '명적 수사'와 '형용적 수사'를 두었지만 안확(1923)에서는 (8ㄱ①)에서 제시한 것처럼 원수사가 조수사가 합할 때 변하는 것이라고 언급하여 따로 구분하지 않았다.[20]

---

19) 품사의 '통용'은 홍기문(1927)에서 처음으로 본격적인 논의가 있는 것으로 알려져 있으나 이미 안확(1917)에서 '통용'이라는 말이 나오고 있다는 점은 매우 흥미롭지 않을 수 없다.

셋째, 안확(1917)에는 없던 것으로 안확(1923)에서는 서수사에 '갑(甲), 을(乙), 병(丙), 뎡(丁)'과 같은 것을 더 추가하였다. 또한 안확(1917)에서는 시수사에서 종합적으로 다루었던 '달', '해'가 안확(1923)에서는 분석적으로 처리되어 조수사로 간주된 것도 차이이다.

결과적으로 볼 때 안확(1917)의 수사 체계는 안확(1923)과 비교할 때 여러 모로 적지 않은 변화를 겪은 것이라 할 수 있다. 안확(1923)이 증보판임에도 불구하고 수사에 관한 한 그 내용이 축소되었다는 것은 의미하는 바가 적지 않다고 생각된다. 물론 이러한 변화 양상을 확인할 수 있는 것은 안확(1917)이 세상에 얼굴을 내민 덕분이다.

3) 안확(1917)과 외국인의 수사 체계 비교

그렇다면 이러한 안확(1917)에서의 수사 체계가 어디에서 영향을 받았는지 살펴볼 필요가 있다. 앞서 안확(1923)을 외국인의 수사 체계와 비교할 때 품사 체계를 염두에 둘 때는 일본 문법과 유사한 듯하지만 수사만을 놓고 보았을 때는 Scott(1893)과 가장 유사하다고 언급한 바 있다.

그러나 안확(1923)이 안확(1917)과 적지 않은 차이가 있었음을 확인한 이상 안확(1917)의 수사가 Scott(1893)과 유사하다고 할 수는 없다. 안확(1917)의 수사는 안확(1923)에 비해 훨씬 더 넓은 범위를 수사로 인정하고 있었기 때문이다. 따라서 안확(1923)보다도 더 좁은 범위를 수사로 인정하고 있는 高橋亨(1909)과 藥師寺知曨(1909) 등 일본 문법과는 더 큰 차이를 가지고 있다는 것을 알 수 있다.

그런데 공교롭게도 (9)에서 제시한 Underwood(1890)의 수사 체계가

---

20) 이러한 점은 전술한 藥師寺知曨(1909)의 언급을 떠올리게 한다.

(12)에서 제시한 안확(1917)과 적지 않은 부분에서 공통된다는 사실에 주목하지 않을 수 없다.

첫째, Underwood(1890)에서는 (9ㄴ)에서 제시한 바와 같이 고유어 수사를 두 가지로 나누어 '명사적 용법'과 '형용사적 용법'으로 나누었다고 하였는데 이것은 (12ㄱ①, ②)에서 확인한 것처럼 안확(1917)에서 기본수사를 '명적 수사'와 '형용적 수사'로 나눈 것과 정확히 일치한다.

둘째, Underwood(1890)에서는 수사의 범위를 포괄적으로 보아 (9ㅂ, ㅅ, ㅇ)에서처럼 '시간과 계절', '분수와 배수', '무게와 척도'도 수사의 테두리에서 살펴보았다고 언급하였는데 이것은 (12ㄷ, ㄹ)에서 확인한 것처럼 안확(1917)에서 '시수사'와 '양수사'로 나눈 것과 대부분 일치한다.

셋째, 이미 언급한 바와 같이 Underwood(1890)에서의 '특정 분류사'는 경우에 따라 'auxiliary numerals'로도 불리는데 이는 (12ㅁ)에서 살펴본 바와 같이 안확(1917)의 '조수사'와 명칭뿐만이 아니라 세부 내용에 있어서도 큰 차이가 없다.

이러한 내용을 염두에 둔다면 안확(1917)의 수사 체계와 내용은 일본 문법과는 거리가 있고 Scott(1893)과도 다르지만 Underwood(1890)과 거의 유사하다는 것으로 정리할 수 있다. 그리고 이를 바탕으로 하면 안확(1923)은 다시 Scott(1893)의 영향을 받았다기보다는 Underwood(1890)의 수사에 대한 앞의 언급과 같이 '수사'를 수와 관련된 포괄적인 'numeral'에서 수를 지칭하는 'number'로 제한해 가는 과정이라고 해석하는 것이 보다 바람직하리라 판단된다. 안확(1923)에서의 품사 체계는 일본 문법과 거의 차이가 없지만 안확(1917)에서는 '조사' 대신 '후사'가 설정되어 있음을 살펴본 바 있는데 Underwood(1890)에서도 '후치사'가 설정되어 있었던 점을 여기에서 다시 상기할 필요가 있다.

5. 맺음말

지금까지 최근 세상에 얼굴을 내민 안확의 1917년본 초판『조선문법 (朝鮮文法)』을 수사를 중심으로 살펴보았다. 이것은 안확(1917)이 우리 의 문법 연구사에서 수사를 처음으로 품사의 하나로 인정한 데 따른 것이다. 지금까지는 1923년 수정재판『조선문법(朝鮮文法)』을 대상으로 하여 안확의 품사 체계가 일본의 문법에서 가장 큰 영향을 받은 것으로 언급되어 왔다. 그러나 그 내용을 보면 '조수사' 즉 분류사를 설정하고 있다는 점에서 안확(1923)도 일본 문법에서의 수사와는 달리 Scott(1893) 과 더 유사하다는 것을 알 수 있다.

그런데 안확(1917)에서의 수사 체계와 그 내용은 안확(1923)에는 없 었던 '시수사', '양수사'가 더 설정되어 범위가 더 넓고 기본 수사도 '명 적 수사'와 '형용적 수사'로 나눈 점 등을 고려할 때 Underwood(1890) 과 매우 유사하다는 것을 발견할 수 있었다. 이것은 안확(1917)이 적어 도 수사에 있어서만큼은 일본 문법이 아니라 Underwood(1890)의 문법 에서 큰 영향을 받은 것임을 결론케 한다. 이러한 점을 고려할 때 안확 (1917)에서의 수사와 안확(1923)에서의 수사가 가지는 차이는 그 체계 를 Underwood(1890)에서 Scott(1893)으로 변경한 것이 아니라 수와 관 련된 포괄적 체계에서 수를 지칭하는 체계로의 변화로 이해하는 것이 보다 바람직한 것으로 판단하였다. 곧 적어도 수사와 관련하여서는 구 본관(2003), 정승철(2012a)에서 제시된 그동안의 안확 문법의 영향 관 계에 대한 일반적인 견해를 부정하게 된 셈이다.

우리의 문법에서 수사를 인정하기 시작하였다는 것은 품사 분류 기 준으로서 '기능' 이외에 '의미'를 중시하기 시작하였다는 것을 뜻한다 는 점에서 주목할 필요가 있다. 따라서 그 시작인 안확(1917)에 대해

안팎의 영향 관계를 추적하는 것은 매우 중요한 의미를 갖는다고 생각된다. 서양의 문법에서는 대체로 수사를 독립된 품사로 인정하지 않았다. 그 이유는 품사 분류 기준으로서 '형식'이 매우 중요하게 간주되는 상황에서는 수사가 불변화사로 다른 불변화사들과 구분되지 않기 때문이다. 이러한 점에 착안한다면 Underwood(1890)이 한국어에서는 서양의 명사의 곡용을 적용할 수 없다고 주장한 것이 높이 평가되었던 만큼 한국어에서는 수사가 품사의 하나로서 충분한 자격을 가질 수 있음을 간파한 것도 역시 새롭게 조명 받아야 할 것으로 평가할 수 있다.

그러나 본고의 논의는 어디까지나 수사에 초점을 두고 있다는 점에서 한계가 있을 수 있다. 수사를 포함하여 안확의 문법 체계의 변천 과정을 미시적인 측면에서 분석하여 그 영향 관계를 종합적으로 살펴야 할 필요가 있기 때문이다. 이러한 문제제기는 앞으로의 과제이기도 하지만 본고의 논의가 가지는 작은 의의이기도 하다.

참고문헌

1. 단행본

고영근(2001), 『역대한국문법의 통합적 연구』, 서울대학교 출판부.

고영근·이용·최형용(2010), 『주시경 국어문법의 교감과 현대화』, 도서출판 박이정.

김규식(1908~1909?), 『대한문법』(유인본)(역대한국문법대계 ① 14, 15).

김두봉(1916), 『조선말본』, 신문관(역대한국문법대계 ① 22).

김두봉(1922), 『깁더조선말본』, 새글집(역대한국문법대계 ① 23).

김민수·고영근(2008), 『역대한국문법대계』(102책)(제2판), 도서출판 박이정.

김민수·하동호·고영근(1977~1986), 『역대한국문법대계』(102책), 탑출판사.

김희상(1909), 『초등국어어전』(3책), 유일서관(역대한국문법대계 ① 16, 17, 18).

남기심·고영근(2014), 『표준국어문법론』(4판), 탑출판사.

안 확(1917), 『조선문법』, 유일서관.

안 확(1923), 『수정 조선문법』, 회동서관(역대한국문법대계 ① 26).

유길준(1909), 『대한문전』, 강문관(역대한국문법대계 ① 06).

이광정(2008), 『국어문법연구Ⅲ-한국어 품사 연구-』, 도서출판 역락.

주시경(1905), 『국문문법』(역대한국문법대계 ① 107).

주시경(1908), 『말』(역대한국문법대계 ① 08).

주시경(1909), 『고등국어문전』(역대한국문법대계 ① 09).

주시경(1910), 『국어문법』, 박문서관(역대한국문법대계 ① 11).

주시경(1911), 『조선어문법』, 신구서림, 박문서관(역대한국문법대계 ① 111).

주시경(1913), 『조선어문법』, 신구서림, 박문서관(역대한국문법대계 ① 12).

주시경(1914), 『말의소리』, 신문관(역대한국문법대계 ① 13).

최광옥(1908), 『대한문전』, 안악서면회(역대한국문법대계 ① 05).

최형용(2013), 『한국어 형태론의 유형론』, 도서출판 박이정.

홍기문(1927), 「조선문전요령」, 『현대평론』 1~5(역대한국문법대계 ① 38).

홍기문(1946), 『조선문법연구』, 서울신문사(역대한국문법대계 ① 39).

Ridel, F.(1881), Grammaire Coréenne, Yokohama(역대한국문법대계 ② 19).

Scott, J.(1887), 『언문말칙』(En-moun Mal Ch'ăik) A Corean Manual, or Phrase Book with Introductory Grammar, Shanghai : Statistical Department of Inspectorate General of Customs(역대한국문법대계 ② 08).

Scott, J.(1893), A Corean Manual, or Phrase Book with Introductory Grammar (2nd), Seoul : English Church Mission Press(역대한국문법대계 ② 09).

Underwood, H. G.(1890), An Introduction to the Korean Spoken Language, Yokohama, Shanghai, Hongkong, Singapore : Kelly & Walsh, L'd(역대한국문법대계 ② 11).

高橋亨(1909), 『韓語文典』, 東京 : 博文館(역대한국문법대계 ② 33).

藥師寺知矓(1909), 『韓語研究法』, 龍山 : 印刷局(역대한국문법대계 ② 34).

前間恭作(1909), 『韓語通』, 東京 : 丸善株式會社(역대한국문법대계 ② 32).

2. 논문

구본관(2003), 「安自山의 언어관과 국어 연구」, 『어문연구』 31-1, 367~391.

구본관(2010), 「국어 품사 분류와 관련한 몇 가지 문제」, 『형태론』 12-2, 179~199.

박진호(2007), 「유형론적 관점에서 본 한국어 대명사 체계의 특징」, 『국어학』 50, 115~147.

안병희(2003), 「안확의 생애와 한글 연구」, 『어문연구』 31-1, 321~344.

장윤희 · 이용(2000), 「서평 : 兪吉濬, 『大韓文典』」, 『형태론』 2-1, 173~187.

정승철(2012a), 「안확의 『朝鮮文法』(1917)에 대하여」, 『한국문화』(서울대) 58, 179~195.

정승철(2012b), 「자산 안확의 생애와 국어 연구」, 『진단학보』 116, 241~265.

최형용(2012), 「분류 기준에서 본 주시경 품사 체계의 변천에 대하여」, 『국어학』 63, 313~340.

자산 안확의 생애와 국어 연구

1. 머리말

　自山 安廓(1886~1946)은 일생 동안 8편의 저서와 일백수십 편의 논문 등을 발표하여 매우 방대한 업적을 남긴 인물이다. 더구나 그의 업적은 언어·문학·역사·철학에다가 정치·경제·종교·군사 및 음악·미술·무용·체육 등에 이르기까지 인문·사회·예술의 거의 전 영역에 걸치는바 그는 방대하면서도 다양한 분야에 관심을 가진 연구자였다고 할 수 있다. 그러면서도 그의 업적이 '國學'으로 일관되어 있다는 점은 그가, 당시의 시대적 상황에 무감각한 연구자가 아니었음을 직접적으로 드러내 준다.

　그럼에도 그의 연구 성과가 해당 학계에서 주목을 받은 것은 비교적 늦은 시기의 일이었다. 이동영(1965)에서 안확의 생애가 처음으로 조망된 이래 최원식(1981)과 이태진(1984), 이기문(1988), 권오성(1990)에 이르러서야 그의 업적에 대해 각 분야에서의 전면적 검토가 이루어졌다. 또 권오성·이태진·최원식 편(1994)의 『자산안확국학논저집』(여강출판사)과 김창규(2000)의 『안자산의 국문학연구』(국학자료원), 한국국학진흥원 편(2003)의 『자각론·개조론』(한국국학진흥원)이 출간되면서 비로소, 안확 업적의 전모를 확인하는 일이 가능해졌다고 할 수 있다.

하지만 여전히, 그의 생애에서 불투명한 부분이 여기저기 존재하며 논저의 書誌 사항이 잘못된 것들도 제법 많이 발견된다. 심지어 아직까지 그 내용이 알려져 있지 않은 업적들도 간혹 보인다. 이러한 차원에서 안확의 생애 前半期를 아주 상세히 조사·정리한 송성안(2003)이나, 그의 초기 문법서『조선문법』(1917)을 새로이 찾아 검토·소개한 정승철(2012a)는 주목할 만하다. 안확의 생애와 업적에 대한 좀더 정밀한 조사·확인 작업이 요구된다고 하겠다.

이 글은 안확의 생애와 업적에 관한 종합적 검토를 목적으로 한다. 특히 그의 생애나 업적과 관련하여 불투명성을 해소하고 그의 업적을 관류하는 기본 사조를 파악하는 것에 주된 관심을 둔다. 아울러 안확의 국어 연구 전반을 살피는 가운데, 이러한 기본 사조가 국어학 영역에서는 어떻게 반영되어 있는지 관찰한다. 이를테면 안확의 국어 연구 업적을 그의 국학 체계 속에서 총체적으로 살피고자 하는 셈이다(참고를 위해, 안확의 업적을 출간 시기 순으로 정리한 논저 목록을 부록에 제시한다).

안확의 생애는, 그의 사회 활동 및 학술 궤적을 기준으로 다음과 같이 크게 4기로 나눌 수 있다.

제1기(1886~1906) : 유소년기. 출생에서부터 초중등 학업을 마칠 때까지의 시기.
제2기(1907~1917) : 20대의 청년기.[1] 경남 지역에서 교사로 활동하면서 자신의 학적 기반을 쌓아 나가던 시기.
제3기(1918~1924) : 30대의 장년기. 사회 활동을 하면서 국학 연구와 저술에 힘쓴 시기.

---

[1] 당시는 오늘날과 '세대'의 성격을 달리하였으므로, 20대를 '청년기'라 불러도 괜찮을지 따져 보아야 할 문제다. 이는 후술할 '장년기'에 대해서도 마찬가지다. 그러함에도 이 글에서는 잠정적으로 '청년기, 장년기'란 표현을 그대로 사용한다.

제4기(1925~1946) : 40~50대의 중노년기. 집필 활동과 칩거를 반복하면
서 문필가로서 활동하던 시기.

이러한 시기 구분에 따라 이 글에서는 각 시기별로 그 업적의 상세를
밝히고 더불어 안확 국학의 특징과 그 변화를 서술한다(서술의 편의상,
생애의 제1기는 제외하고 논의를 진행하기로 한다). 이 모든 작업이,
국권 상실의 어려웠던 시기에 민족 자강을 위해 살아간 선인의 자취를
따라 밟는 데에 궁극적인 뜻을 두고 있음은 물론이다.

2. 안확의 생애와 업적

안확은 1886년, 서울 우대마을(현재, 서울시 종로구 누상동)에서 중
인 출신으로 태어났다. 1895년, 水下洞 소학교2)에 입학하여 1899년에
심상과, 1901년에 고등과를 졸업하였다. 1902년 3월에 그는 경성관립
중학교3)에 입학하였으나(송성안 2003:261) 그 이후의 기록은 발견되지
않아 이 학교를 언제까지 다녔는지 현재로선 알 수 없다.

---

2) 수하동 (관립)소학교는 1895년 9월 10일, 옛 圖畵署 터(현재, 을지로입구)에서 개교하였
   다. 졸업 연한은 심상과(=보통과) 3년, 고등과 2년이었다. 1906년 이후, 4년제의 보통학교
   로 바뀌었다.
3) 경성관립중학교(심상과 4년, 고등과 3년)는 1900년, 종로구 화동에서 개교하였다. 1906년
   에 관립한성고등학교로, 1911년에 경성고등보통학교(4년제, 훗날의 경기고등학교)로 이
   름이 바뀌었다.

1) 학적 기반의 형성 및 국학의 발견(1907~1917년)[4]

안확은 1907년 가을에 경남 진주의 安東 학교[5] 교사로 부임하였다 (송성안 2003:266). 그는 1911년 3월에 경남 마산의 昌信 학교로 직장을 옮겼으며 그 후 1917년 사직할 때까지 이 학교에서 근무하였다. 이를테면 이 시기의 안확은 경남 지역에서 교사로 헌신하면서 국학 연구에 지속적인 노력을 기울였던 셈이다.

안확의 학적 기반과 관련하여 이 시기를 특징짓는 것은 그가 일본 유학을 경험하였다는 사실이다. 비교적 이른 시기에 그를 소개한 국어 국문학 사전의 '안확' 항목을 보자(이하의 모든 밑줄은 필자).

> (1) ㄱ. **안확 安廓** 국학자. 호는 자산(自山). 서울 출생. 일본 니혼 대학 [日本大學] 졸업. 한문, 시조, 문학사 등에 관한 연구가 깊었음. 저서에 '조선 문학사'(1923), '시조시학'(1940), '조선 무용 전'(1947) 등이 있음.(허웅·박지홍 엮음, 『증보 국어 국문학 사전』, 일지사, 1973, 176면)
>
> ㄴ. **안확 安廓** 『인명』 학자. 호는 자산(自山). 서울 출신. 니혼(日本) 대학 졸업. 「조선문학사(朝鮮文學史)」 「시조시학(時調詩學)」 등을 저작하여 초기 국문학 연구에 큰 공적을 남겼다.(서울대 동아문화연구소 편, 『국어국문학사전』, 신구문화사, 1973, 396면)

두 책 모두에서 안확을 문학 연구자로[6] 또 일본의 "니혼(日本) 대학" 을 졸업한 인물로 규정하고 있다. 하지만 그의 초중등 학력이나 일본에

---

4) 이 시기에 그가 사용한 호는 '自山'이고 필명은 '安廓' 또는 '半山, 硏語生'이었다.

5) 안동 학교는 1907년 4월에 설립되었으며 1909년 8월에 柴園 학교(1907년 9월에 설립)와 통합, 光林 학교가 되었다(송성안 2003:266).

6) 이들 사전에서 안확을 문학 연구자로만 본 것은 그의 업적을 종합적으로 검토하지 못한 데서 비롯된 잘못이다.

서의 유학 기간7)을 감안할 때 적어도, 대학 "졸업"이라는 학력은 그 개연성이 매우 부족한 것으로 판단된다. 또 그가 "니혼 대학"을 다녔음에 대해서도, 이 사실을 입증해주는 어떠한 기록도 발견되지 않아 문제가 된다. 미루어 짐작하건대, 그가 '일본(에 있는) 대학'을 다녔다는 말이 확대·재생산되어 후에는 '日本 大學' 즉 "니혼 대학"을 "졸업"하였다는 데에까지 이르게 된 것이 아니었을까 한다.8)

그렇더라도 안확이 1914년도 말에 유학생 자격으로 일본 도쿄에 있었던 것만은 분명하다.9) 다음은 『학지광』 4호(1915.2)에 실린 小星 玄相允(1893~1950)의 「유학생망년회(1914.12.26.토)」란 글인데 이 기사 속에 "留學生" 안확이 등장하고 있다는 사실이 이를 단적으로 증명해 준다.10)

  (2) 단상을 바라보니 <u>安廓君</u>이 "삼한시대 이래 우리 <u>留學生</u>이…" 하면서
      높은 목소리로 방금 忘年辭를 진술하는 마당이더라.(53면~54면)

아울러 안확의 『조선문명사』(1923)에 나오는 다음 진술은 그가 일본

---

7) 이태진(1984/1994:18-21)에서는 안확이 "일본대학 정치학과에 다니면서" 『학지광』(일본 조선유학생 학우회의 기관지)에 기고한 글을 바탕으로 그의 유학 시기를 1914년에서 1916년까지로 추정하였다.

8) 일부 인명사전에 "니혼 대학 졸업"으로 기재되어 있으나 "명백한 오류"로 판명(강영주 2004:176)된 洪起文(1903-1992)의 경우도 이와 유사하다. 홍기문은 1925년 2월에 도일(도쿄 거주)하여 1926년 여름에 귀국하였다.

9) 이 당시에 안확은 도쿄에서 일본어 교육을 받고 있는 중이었을 듯하다. 따라서 『학지광』 등에 나타나는 그의 필명 '研語生'은 말뜻 그대로 '언어(=일본어) 연수생'을 가리켰던 것으로 여겨진다. 한편 '연어생'의 「조선문자의 소론」(『불교진흥회월보』 8, 1915)과 「조선어학자의 오해」(『학지광』 10, 1916)가 안확의 업적이라는 점은 고영근(1998:8) 참조.

10) 이해의 편의를 위해, 이 글에서는 원문을 인용할 때 당시의 표기를 그대로 두지 아니하고 거의 대부분 현행 맞춤법 규정(띄어쓰기 포함)에 맞추어 바꿔 표기한다(그 과정에서 문장부호를 새로 부가하기도 한다). 한편 인용되는 논문의 제목을 밝힐 필요가 있을 때는 편의상, 제목을 한글로 바꾸어 제시하기로 한다(논문의 정확한 제목이나 서지 사항은 덧붙인 부록을 참조).

에서 '정치학'을 수학하였음을 시사한다.

(3) 나는 19년 전부터 역사 연구에 着味하더니 中路에 정치학을 講究한
후 다시 정치사를 연구함에 立한지라.(述例1)

이로써 보면 안확은 1914년에서 1916년 사이에 "일본의 대학에서 정
치학"을 "공부"(김용섭 1972:43)한 것이 된다. 당시에 그가 일본 대학의
정식 학생이었든 단순한 청강생이었든, 이 시기에 그가 접한 유학 경험
이 자신의 학적 기반을 형성하는 데에 매우 중요한 배경이 되었으리라
는 점은 두말할 필요도 없다.

특히 안확은, 이 기간 동안에 획득한 일본어 자산과 일본의 근대 학
문을 학적 기반으로 하여 자신의 국학을 구성하게 된다.[11]

(4) ㄱ. 근래 일본 工學 文學의 전문가가 … 評하기를, 조선 미술은 그
연원이 支那 및 印度에서 수입하여 倣傚하였다 하는지라. 그러
나 내가 연구한 바로는 그렇지 않도다.(「조선의 미술」, 1915.5,
권5:128)
ㄴ. 우리 문학은 歐洲보다 수백년 전에 발달됨을 可知니라.(「조선의
문학」, 1915.6, 권4:222)
ㄷ. 조선어가 이와 같이 四面에 분포한 中 … 그 중에 一大 感化를
받은 나라를 말할진대 일본이라.(「조선어의 가치」, 1915.2, 권
5:10)

(4)에서 보듯, 우선 그는 한국 고유의 특성에 주목하였다. 그리하여
안확은 한국 미술이 중국 및 인도 미술을 '倣傚'한 것이 아니라 하였다.

---

11) 특별한 경우가 아니라면, 이 논문에서 원전의 인용은 권오성·이태진·최원식 편(1994)
의 『자산안확국학논저집』에 의지한다. 그러므로 인용 면수 또한 해당 책의 면수를 따른
다(가령 '권5:128'은 '5권 128면'을 가리킨다).

한국의 문학 또한, 서양보다 훨씬 앞서 '발달'을 이룬 것이며 그가 보기에 국어는 일본어를 비롯한 다른 여러 언어에 '一大 感化' 즉 상당한 영향을 미칠 정도로 독자성을 갖춘 것이었다.12)

(5) ㄱ. 한 사람도 <u>탐구의 힘</u>을 起하여 자기 長處를 과장하는 사람이
    <u>없으니</u> 인민의 愛祖心이 어디에서 生하며 自信力이 어디에서
    興하리오.(「조선의 미술」, 권5:130)
ㄴ. 만일 문학자가 <u>신풍조에만 惑하여</u> 순전한 외래문학만 숭상하다
    가는 前儒佛에 迷惑함같이 조선 고유의 특성을 永滅하고 다시
    外風에 化할 뿐이니 어찌 措心치 않으리오.(「조선의 문학」, 권
    4:228)
ㄷ. <u>학술적으로는 발달치 못함</u> … 진정한 언어학자가 없어 神聖한
    조선어로써 蠻語가 되게 하고 오히려 외국학자에게 그 연구를
    讓하게 되었으니 어찌 통탄치 않으리오.(「조선어의 가치」, 권
    5:11)
(6) ㄱ. 嗚呼 학자·제군이여! <u>速速히 이 분야에 熱心</u>하여 聲音의 원리,
    문법의 조직을 발견·공포하여 조선어로써 세계 一等語를 作하
    게 하라.(「조선어의 가치」, 권5:11)
ㄴ. 한문학을 擊退하고 <u>배달혼을 發揚</u>코자 함.(「조선의 문학」, 권
    4:222)

그럼에도 불구하고 아무도 '탐구'하는 이가 없고 '신풍조'에만 빠져 국학은 '학술적'으로 전혀 발달치 못한 상태에 있었다. 그러기에 그는 이러한 상황의 극복과 "배달혼"의 고양을 위해, 한국 고유의 특성에 대한 연구 즉 국학에 '熱心'할 것을 요구한다. 그런 그가 생각하고 있던 국학은 다음 진술에서 보듯, 실증적이면서 '紋述的'(=기술적, 사실적)이고 실용적인 것이었다.

---

12) 이러한 인식은 안확이 "민족주의자"였음(최원식 1981/1994:68)을 단적으로 드러낸다.

(7) ㄱ. <u>由此觀之</u>하면 우리 조선의 미술품은 支那나 印度의 製法을 摸함
으로써 思想의 動機라 함이 만부당하니라.(「조선의 미술」, 권
5:128)

ㄴ. 본서는 특히 <u>敍述的</u>, 실용적(Descriptive, Practical)의 体로 편찬
함. … 외래어를 放逐한다, 고어를 사용한다 함13)은 모두 문법
상, 사실상 위반되는 일이라.(『조선문법』著述要旨1, 1917)

이를테면 안확은, 주시경·신채호 등의 이념적 국학에 대비되는 실
재적 국학14)을 연구의 궁극적 목표로 삼았던 셈이다. 그의 교직 경험과
일본에서의 근대 학문 경험이, 그로 하여금 실재적·실증적 성격의 국
학을 추구하게 하였을 것으로 짐작된다. 그가 『조선문법』(1917)의 구성
에서 '주시경'이 아니라, 『대한문전』(1909)으로 대표되는 '유길준'의 문
법을 따른 것(정승철 2012a)도 동일한 차원에서 이해된다.

2) 외래 이론의 수용과 안확 국학의 정립(1918~1924년)15)

안확은 1917년에 창신 학교 교사직을 그만둔 후 '불우사'라는 상호로
"曹達商"을 경영하였다(이현희 1994:177). 또 1918년에는 友堂 李會榮
(1867-1932)이 주도한 高宗의 해외 망명 계획16)에 참여하였으며 1919
년에는 마산 지역의 3·1운동에 관여하는 등 이 시기의 안확은 지속적

---

13) 안확에 따르면 이는 주시경 또는 '周氏 일파'의 주장이다.

14) 이때의 '이념적/실재적'은 상대적인 개념이다. 안확의 국학이 언제나 실재적이고 이념적
이 아니었다거나, 주시경이나 신채호의 국학이 절대적으로 이념적이고 실재적이지 않
았다는 말은 아니다.

15) 이 시기 그의 필명은 '安廓, 安自山, 自山'이었다. 이 시기에 이르러 '自山'이란 호가
필명으로 완전히 정착된 것으로 보인다.

16) 이회영은 고종을 중국으로 망명시켜 임시정부를 세우려는 계획을 세웠으나 1919년 1월
21일, 고종의 갑작스런 죽음으로 이 계획은 수포로 돌아갔다.

으로 항일 운동을 전개하였다(최원식 1981/1994:65~66). 이러한 움직임들은 모두 조선국권회복단 마산지부장으로서의 활동의 연장선상에 있는 것이었다.[17]

그리고 1921년에 그는 조선청년연합기성회 기관지『我聲』[18]의 편집인, 1922년에는『新天地』[19]의 편집인으로 활동하였다. 하지만 그 이후 안확은, 어떤 이유에서인지 알 수 없으나 모든 사회적 활동을 접고 국학 연구와 저술에만 전념하였다(최원식 1981/1994:67).

안확의 학술 활동과 관련하여 이 시기를 특징짓는 것은, 그의 저서 상당수가 이 시기에 출간되었다는 사실이다. 1920년의『자각론』(회동서관), 1921년의『개조론』(조선청년회연합회), 1922년의『조선문학사』(한일서점), 그리고 1923년의『조선문명사』(회동서관)와『수정조선문법』(조선어학총서 1, 회동서관)이 바로 그것이다.[20] 이들은 사상, 문학, 역사, 언어의 면에서 안확의 국학을 대표하는 저서들이다. 아울러 이 시기에 유독, 사회문화 일반에 관한 논저가 많다는 점도 특기할 만하다.

(8)『자각론』(1920),「인민의 삼종류」(1920.9),「유식계급에 대하야」,「독일 민족의 기질」(1920.10),『개조론』(1921),「삼중 위험과 자각」,「청년회의 사업」(1921.3),「정신의 정리」,「불평론」,「세계문학관」(1921.5)
(9) 본래 사회의 상태는 각 개인이 자유의사로 이성을 발휘할새 그 정도

---

17) 조선국권회복단(독립군 지원을 목적으로 경상도의 지식층 인사들이 결성한 비밀결사 단체)은 1915년 1월 15일에 결성되었는데 당시에 안확은 이 단체의 마산지부장이었다(송성안 2003:275-276).

18) 朝鮮青年聯合期成會는, 각 지방에 설립된 청년 단체의 연합을 위해 吳祥根을 위원장으로 1920년 12월에 결성되었다(1924년 4월에 해산). 이 단체에서 1921년 3월부터 10월까지, 기관지『아성』을 발행하였다.

19) 월간종합잡지『신천지』는 1921년 7월에 창간, 1923년 8월에 통권 9호를 내고 폐간되었다.

20) 여기에서 제외되는 것은 1917년의『조선문법』(유일서관), 1940년의『시조시학』(조광사)과『조선무사영웅전』(명성출판사) 세 책이다.

가 不同하면 長이 短을 律하여 교화하며 자타 정신이 角鬪하는 동시
에는 優勝劣敗가 生하니 이 교화와 與奪이 相通하는 동시에 인류는
益益改進하고 사회는 愈愈開化하여… 그 실상의 정도인즉 진보, 발
달이라.(『자각론』10)

(8)에 제시된 대로 이 시기에 집필된 논저의 반 이상은 일반론이다.[21]
물론 이러한 일반론은 그가 접한 고서, 漢書, 양서 등을 바탕으로 구성
된 것이었음에 틀림없다(이 중, 양서의 대부분은 일본을 통해 간접 수
용된 것이었으리라 여겨진다). 특히 유길준(1856~1914)의 『서유견문』
(1895)과 梁啓超(1873-1929)의 『飮氷室文集』(1903)은 안확의 사상 형성
에 매우 큰 영향을 미쳤다. (9)에 드러나 있는 사회진화론은 그러한 영
향관계의 일단을 보여 준다. 결국, 안확 국학의 근간을 이루는 "진보
가능성에 대한 강한 확신"은 『서유견문』의 "文明進步論"이나 『飮氷室文
集』의 "社會進化論"(이태진 1984/1994:17~18) 등에서 비롯하였다고 할
수 있다.

이에서 보듯 안확은 자신이 습득한 외래 이론을 기반으로 사회문화
에 대한 일반론을 전개하였다.[22] 이러한 사실은 안확이 외래의 문화와
이론을 수용하는 데 매우 능동적이었음을 알려 준다. 그리하여 그는 다
음과 같이, 외래의 선진화된 문명과 사상을 적극적으로 수용할 것을 주
장하였다.

(10) ㄱ. 現今 여러 방면에 漲溢한 <u>신사상</u>은 일찍이 거절할 수 없는 사실
    적 근거가 있어 … 이에 대한 방침은 오직 적당히 導함을 務치

---

21) 수적으로만 판단할 때, '朝鮮'을 중심으로 한 논저가 다른 시기에 비해 그리 많지 않았다
   는 말이다.
22) 물론 이 과정에서 그는 관심 영역을 점차 확장해 갔다. 이 시기에 「조선노예사」(1921.6),
   「조선철학사상개관」(1922.11), 「조선의 음악」(1922.12), 「조선육해군사」(1923.1) 등 경
   제·철학·음악·군사에 관한 저술이 새로이 출현하였다.

아니치 못함에 있는 것이라.(『개조론』 23)

ㄴ. 지식과 진리는 <u>천하의 共有物</u>이라.(『수정조선문법』著述要旨1)

ㄷ. 近日에 이르러서는 더욱 세계의 <u>신문명을 수입하여 개조, 이용</u>을 取함이 實地上 긴급한 일이라.(『조선문학사』 169)

ㄹ. 학자의 본령 ⋯ <u>사상의 교환을 怠치 말지니</u> ⋯ 타인의 新說을 관용치 아니함은 학자의 태도가 아니니라.(『자각론』 20-21)

그러한 외래 요소 즉 신문명, 신사상은 거절하기 어려운 세계적 '共有物'이기에, 이를 주체적으로 받아들여 '改造, 利用'하는 일에 게으르지 말아야 한다고 역설하였던 것이다. 나아가 안확은, 이러한 외래 요소의 수용이 고유 특성의 '改善, 進化' 즉 그것의 발전을 가져온다고 믿고 있었다.

(11) ㄱ. 이 사상의 변천은 즉 남방 불교의 사상과 서방 漢文의 중화사상을 수입하여 고대 고유의 '倧 사상[23)'을 協和한바 하나의 신사상을 만든 것이라.(『조선문학사』 13-14)

ㄴ. 혹은 외래문화를 흡수하고 혹은 자발적 문화를 吐하여 <u>改善, 進化</u>를 經由하다.(『조선문명사』 1)

한편 그는 언제나, '진화'된 한국 고유의 특성을 발견하기 위해 여러 나라의 사례들을 비교, 검토하였다. 다음 진술에 근거할 때 그 비교, 검토의 중심에는 늘 서양의 '歐洲 각국'이 놓여 있었다.

(12) ㄱ. 조선의 철학사는 <u>서양에 비하면</u> 異色이 있는지라.(「조선철학사 상개관」, 1922.11, 권4:41)

ㄴ. 이 自治制를 현대 <u>歐洲 각국에 비하면</u> 불란서식의 對抗主義도 아니요, 독일식의 欽定主義도 아니요, 영국식의 保護主義도 아

---

23) 안확의 '倧' 사상은 "환인-환웅-단군의 三神思想"을 가리킨다(유준필 1990/1994:115).

니라.(『조선문명사』 102)

(13) ㄱ. 세계의 개조 운동 ⋯ 영국과 프랑스에는 改造省을 설치하고 改
造 大臣까지 두어 전문으로 개조 운동을 擧하니(『개조론』 2-3)

ㄴ. 그중 皇城新聞은 ⋯ 그 문체는 독립신문과 달라 諺漢文 혼용으
로 한문 직역체에 불과하고 文藻는 중국 飮氷室文集에 本하여
想보다 形을 중시한지라. 그러나 서양 루소의 자유 평등설이 이
로부터 유행하니라.(『조선문학사』 121)

ㄷ. 중성은 능히 獨發하되 초성은 獨發치 못한다 하다 ⋯ 영어에
Table은 'B, L'의 두 음이 중성 아니라도 能發하나니라.(『조선문
학사』 230)

이러한 비교 작업의 궁극적인 목표는, 다른 나라(특히 동양 각국)에
비해 진화한 한국 고유의 특성을 발견하고 이를 널리 알림으로써 대중
들에게 민족적 자부심을 고취하는 데 두어져 있었다. 다음 (14)에서 보
듯 한국의 문자, 언어, 자치제 등은 다른 나라와의 비교를 통해 그가
발견한 한국 고유의 특성들 중 세계적으로 내세울 만한 것들이었다.

(14) ㄱ. 今日 세계 문자의 발원지는 여섯 곳인데 조선이 그중 하나를
占하니 이것이 우리 조선의 명예라.(『조선문학사』 79)

ㄴ. 조선어는 複音語로 第二種 우랄알타익어에 속한 말이니 이 어족
간에 조선어가 가장 으뜸이니라.(『수정조선문법』 2)

ㄷ. 조선 自治制는 단군 건국시대로브터 있었는데 희랍 정치와 같은
것으로 동양에 先進 또 독특한 生活이라.(『조선문명사』 3)

(15) 본서는 종래의 오류됨을 배제하고 公衆的, 보편적에 의지하여 만든
것이라.(『수정조선문법』 著述要旨1)

아울러 그러한 작업은 세계 각국의 사례 비교를 통해 보편성을 확인
하고 이에 근거하여 국가간, 문명간의 우열을 판단하고자 하는 데에 뜻
을 두고 있었다. 그러한 차원에서 위 (15)는, 자신의 국학이 보편성에

의지하고 있음을 직접적으로 드러낸 진술이라 할 만하다.

이처럼 안확은 외래의 근대 학문을 직접·간접적으로 수용하면서 자신이 추구한 국학의 이론적 기반을 마련하고자 하였다. 이를테면 그는 근대 학문의 보편성을 바탕으로, 실증적이면서[24] 실재적인 자신만의 국학을 정립하고자 하였던 셈이다. 그러한 까닭에 당시의 국학 특히 국어 연구를 주도하던 周時經(1876~1914) 계열의 연구자들은 그가 보기에, '이론과 사실을 혼동'(『조선문학사』 231)하는 사람들이었다. 「조선어원론」[25]의 제13절 '周氏 일파의 曲說'(229~234면)에서 그는 이러한 사실을 전면적으로 거론하였다.

(16) ㄱ. (주씨 일파는) 논리상 판단으로 일반 언어를 개량코자 한지라. 大抵 문법은 <u>사실을 추상적으로</u> <u>記載</u>하는 것이오.(231면)
　　ㄴ. 聲音을 논함에는 반드시 문자를 벗어나 음향적, 價値生理的 상태 등을 精察하여 <u>聲은 聲으로써</u> <u>解</u>하여야 可하니라.(231면)
　　ㄷ. <u>각국의 예로 보아도</u> 외래어를 <u>放逐</u>한 일이 없나니(232면)
(17) ㄱ. 그 연구한 바 저서를 읽으면 誤解曲說이 많아 後日 <u>학생으로</u> <u>하여금</u> 誤從케 함이 많으니(230면)
　　ㄴ. 표기법 개량 … 나도 그 개량을 찬성하노라. 그러나 … 新奇를 좋아하여 實地 영향은 돌아보지 않고 보통 사람들이 불가해할 新字를 獨行코자 함은 불가한 일이니 항상 <u>학자</u>는 과학적 이익을 위하여 실용상 손해를 돌아보지 않는 것이 큰 폐단이니라.(233면~234면)

위의 진술에서 안확은, 국어 연구가 '사실'에 바탕을 두고 실증적으로 이루어져야 할 것을 이야기하였다. 그리고 '周氏 일파'처럼 이론에

---

24) 물론 그의 업적에서 실증적이지 못한 진술도 발견된다; 거북선은 즉 <u>잠수정</u>이라.(「조선육해군사」, 1923.1, 권2:615)
25) 이는 『조선문학사』(1922)에서 "附編二" 즉 부록2(176면-240면)로 따로 실려 있다.

의지해 사실을 '개량'하려는 것은, '학자'가 가져야 하는 올바른 태도가 아니라 하였다. 그에게 있어 그러한 태도는, 언어 연구의 면에서 초보자들을 '誤從'케 하는 일이며 언어생활의 면에서 '실용상 손해'를 자초하는 일이었다. 결국, 안확은 '周氏 일파의 曲說'에서의 비판을 통해 자신이 정립한 국학의 정당성을 설파하고자 하였던 것이다.

3) 안확 국학의 전개 : 언어·문학·역사에서 예술·체육까지 (1925~1946년)[26]

안확은 1925년 7월에 "雅樂整理"를 위한 제안서를 李王職(일제강점기에 조선 왕실과 관련된 사무를 담당하던 관청)에 제출하였는데 이 제안이 받아들여지면서 그는 "1926년 4월부터 囑託에 任命"(권오성 1990/1994:180), 이왕직 雅樂部에서 근무하게 된다. 하지만 그는 "4년 만에" 당시의 아악부 부원이었던 "咸和鎭 등과의 不和로"(안병희 2003:329) 해고되어 아악부를 그만두었다. 그 이후 안확은 그리 주목할 만한 사회 활동을 하지 않으며[27] 집필활동과 칩거만을 반복하다가 광복 이듬해 (1946년)에 사망하였다.

안확의 학술 궤적에서 이 시기를 특징짓는 것은, 그의 업적이 매우 다양한 분야에 걸쳐 있다는 점일 터이다. 해당 시기에 출현한, 언어·문학·역사[28] 이외의 업적들을 두세 개씩 나열해 보이면 다음과 같다.

---

26) 이 시기의 안확은 '安廓, 安自山, 自山' 이외에 '文三平, 雲文生, 風流郎, 自山生, 八大叟, 安之覃, ㅇㅎ生' 등의 다양한 필명을 사용하였다. 특히 '문삼평'은 「동양문자의 종종」(현대평론 1-6, 1927.7)의 필자명으로 출현하는데 논문의 내용이나 당시의 출판 상황 등에 근거해 판단할 때 이는 안확 자신을 가리키는 필명임(안병희 2003:332)에 틀림없다.

27) 1934년의 진단학회 贊助 회원(김창규 2000:30), 1935년의 출판사 以文堂 운영(安廓씨가 하는 以文堂;「三千里機密室」, 삼천리 7-3, 1935), 1946년의 全朝鮮文筆家協會 추천회원(동아일보 1946.3.13) 정도가 언급될 수 있다.

(18) ㄱ. 경제: 「조선상업사소고」(1931), 「조선화폐고」(1934)

　　ㄴ. 종교: 「조선음악과 불교」(1930), 「유교의 진화와 신유」(1932)

　　ㄷ. 군사: 「朝鮮古代의 軍艦」(1930), 「조선병함고」(1931)

　　ㄹ. 음악: 「조선고대의 무악」, 「천년전의 조선군악」(1930), 「조선음
　　　　악사」(1931)

　　ㅁ. 미술: 「黃帝의 戰爭傳說의 壁畵」(1930), 「조선미술사요」(1940)

　　ㅂ. 무용: 「山臺戲と處容舞と儺」(1932), 「가면무용극고」(1937)

　　ㅅ. 체육: 「신라의 무사혼」(1928), 「고래의 체육고」(1930), 『조선무
　　　　사영웅전』(1940)

　　나아가 이 시기의 안확은 자신이 관심을 가진 영역의 폭을 넓혔을
뿐 아니라 해당 영역에서 깊이를 더해 자신만의 독창적인 주장을 내어
놓기도 하였다. 가령, 이른 시기부터 관심을 가져온 훈민정음에 대해
그는 樂譜字 기원설을 새로이 주창하였다.

(19) ㄱ. 諺文字는 실상 古來 학설을 이상화한 것이라. 세종이 음운을 연
　　　구한 결과, 구강은 천지조화를 포함한 우주로 알며 동시에 구강
　　　은 樂器로 알았나니 … 초성자는 음악상 본체가 되는 5음을 本
　　　으로 하여 된 것이라. … 중성자 … 그 모양은 자연히 간단한
　　　부호로써 作定하다. … 고로 樂譜字와 언문은 약간의 관계가 있
　　　는 것 같으니라.(「언문의 연원」, 시대일보 1925.5.12)

　　ㄴ. 음운학은 … 송나라 때 와서는 그 學이 완성할새 一切 어음을
　　　음악의 이치와 합하여 音階인 宮商角徵羽와 合一하였다. … 더
　　　욱 송나라 때 유행하던 樂譜字가 있으니 그는 半宮體樂書에 朱
　　　子의 說을 인용함에 있는바 正히 언문 자양과 흡사하다; ㅿㄴㅁ
　　　ㄱㅣㅗ ㄴㅅㅜㅡㅅ ㄹㅣ ㅊ ㅜ ㅏ ㅋ. 이의 대조로 보면 언문의 기초가

---

28) 물론 이들 세 영역 내에서도 진전이 발견된다. 가령 문학 영역에서, 그가 "詩歌"를 본격적
　　으로 논급하였다든지(이태진 1984/1994:40), '悼二將歌' 등 새로운 시가 자료를 "발굴"하
　　였다든지(유준필 1990/1994:169) 한 점은 문학사적으로 매우 중요한 의의를 갖는다고
　　할 만하다.

음운 및 樂理와 관계됨을 부인할 수 없는 것이다.(「언문의 기원
과 기가치」, 1931.1, 권5:96-97)

(19ㄱ)의 「언문의 연원」(1925)은 훈민정음의 악보자 기원설을 처음
으로 제기한 글이다. 이러한 주장은 (19ㄴ)에 이르면 더욱 선명해진다.
'음운' 및 '樂理'와의 관련 속에서 '송나라 때'에 쓰이던 '樂譜字'를 본
따 훈민정음의 초성 글자를 만들었음을 '부인'할 수 없다고 한 것이다.
　이는 그의 학문이 심도 있어졌음을 시사하는바, 주장의 타당성[29] 여
부를 떠나 그의 악보자 기원설은 안확 국학의 확고한 정립을 상징한다
고 할 만하다. 두말할 것도 없이 이러한 새로운 주장의 출현은, 안확
그 자신이 외래의 문화와 이론을 폭넓게 섭렵한 데에서 비롯한 결과였
다. 이를테면 안확은 외래문화와 이론의 '自家化'를 통해, 자신만의 국
학을 구축하려 하였던 셈이다.

(20) ㄱ. 이렇게 일본이 조선 음악을 수입한 것은 조선의 영광도 아니요,
　　　또 일본의 부끄러움도 아니다. 조선도 支那의 음악을 全用한 것
　　　이니 大抵 지식은 세계 공유물이요, 정신은 自家의 전유물이라.
　　　고로 <u>外國物을 이용할지라도 自家化함이 긴요한 것이다.</u>(「일본
　　　음악의 월단」, 중외일보 1928.3.29)
　　ㄴ. 무조건적으로 外物을 崇拜餐取함이 아니다. <u>자국의 문화를 풍부
　　　케 하기 위하여 採長補短의 이용을 한 것이다.</u>(「조선미술사요」,
　　　1940.6, 권5:398)

이처럼 안확은 외래 이론을 수용하는 가운데 '採長補短'하여 자신의
국학을 정립하고자 하였다. 물론 이전 시기와 마찬가지로, 안확 국학의
궁극적 목적은 한국 고유 특성을 발견하고 이를 '속히 발표하여 世人에

---

29) 이 주장이 지니는 문제점에 대해서는 안병희(2003:335-340) 참조.

게' 알려 민족적 자부심을 높이는 데 두어져 있었다. 이는, 다음 (22)에서 천명한 바대로 한국 민족의 무한한 진보를 확신하고 있었기에 가능한 일이었다.

(21) ㄱ. 時調詩의 定型은 가장 과학적으로 된바 세계적으로 발표할 만한 것이니 장차 刊하겠고 이 고구려 문학도 일층 세계에 소개할 만한 것이다.(「고구려의 문학」, 1939.7, 권4:623)

ㄴ. 조선의 검법이 自來로 동양의 제일이 되었나니 … 명나라 때 조선에 검법을 學하여 비로소 兵事에 통용하니 이 말은 茅元儀의 武備志에 詳說한 바이다. … 나는 이것을 眞說인가 浮言인가 의아하여 여러 가지 문헌을 조사·연구해 본바 茅씨의 말이 거짓이 없음을 믿게 되었다. … 이 검법이 중국에 傳한 名譽에 대하여는 이상한 感發이 나서 한참 묵묵히 앉았던 일도 있다. 그리하여 이 발견을 속히 발표하여 世人에게 알리고자 하였다.(「고래의 체육고」, 1930.7, 권4:83)

(22) 이 新自覺時代가 얼마의 기한을 겪어갈지 모르나 각성의 限이 찬 미래시대에 가서는 自覺하니만큼 세계적 雄飛를 해볼지니 장차는 설혹 세계가 다 睡眠할지라도 오직 朝鮮族은 大活步로 생동하리라 생각한다.(「조선민족사」, 1930.10, 권4:102)

아울러 그는, '학문' 또는 '학술'의 영역에서 국학은 실증적·실재적·실용적이 되어야 한다고 하였다. 다음 (23)의 「고문연구의 태도-입장성과 속단적의 위험」(1939.11)이란 글을 보자.

(23) ㄱ. 재료를 널리 探訪하고 積年의 공력을 들여 완전함을 요할지오, 속단적으로 결론을 쉽게 하거나 혹은 立場性을 가지고 자기의 공을 세우고자 하여 학자 간의 도덕을 산란케 하거나 함은 大不可하다. … 학자는 그런 독단을 피하고 어디까지든지 고증을 취하는 것이 필요하다.(권4:641) … 실지의 증거를 완전히 포착 …

의외의 증거도 많으니 고로 千思萬慮로 考에 考를 더하지 아니
키 불가(권4:644)

ㄴ. 그 다음에는 隱蔽의 오류다. 자기 立論에 형편상 좋은 것만 열거
하고 그 형편에 좋지 않은 것은 고의로 棄却하니(권4:642) … 洋
書의 解釋學에 보면 … 관심이 見地를 결정하고 그로부터 입장
을 규정하고 입장에 대한 <u>立場性은</u> 黨派性으로서 일종의 정치적
성격을 발휘한다 하였다. … 동양의 고증학은 淸朝에서 시작하
였는데 그때에 고증을 가지고 漢學派, 宗學派들이 相爭하고 실
지 학문에는 하등 이익을 끼치지 못하였다.(권4:644)

ㄷ. 學究 諸氏에게 권고할 것이 있다. 諸君은 <u>학술을</u> 문화활동에 기
본하여 상식적으로 取하여라. … 현대는 학문을 지배계급이나
특권계급의 物로 치는 시대가 아니다. … 아무쪼록 어려운 것도
쉽게 해석하여 <u>보통 사람이 알도록</u> 하는 것이 문화운동의 大要
點이다.(권4:645)

이는 안확이 자신의 연구 태도를 직접 밝혀 놓은 것인데 이에서 그는
의의 있는 국학 연구를 위해 과학적 태도가 필요함을 강조하였다. 모름
지기 학술 연구자라면 자료를 '널리 採訪'하여 '千思萬慮'로 철저히 '고
증'하는 실증적 태도(23ㄱ), '立場性' 즉 이념적·정치적 성격을 가급적
배제하려는 실재적 태도(23ㄴ), 그리고 '학술'을 쉽게 설명하여 '보통'
사람들이 알 수 있도록 하는 실용적 태도(23ㄷ)를 지녀야 한다고 역설
하였던 것이다. 이러한 면에서 보면 당대의 대표적 역사학자 申采浩
(1880~1936)에 대한 안확의 비판은 피할 수 없는 하나의 과정이었다고
할 수 있다.

(24) ㄱ. 金澤씨 후 小倉씨 전에 申采浩씨의 해설이 『동아일보』에 소개된
지라. … 본문의 제목은 「吏讀文名詞解釋」이라 하였으나 그 내
용은 古文을 일일이 검토·설명한 것이 아니라 해석의 방법론이
라. … <u>氏는</u> 사고의 형식을 말함에 先한 고로 <u>주관적 설명이 많</u>

지마는 오늘날의 우리들은 아무쪼록 주관을 피하고 객관의 재료
에 의지함을 도모할지니(「신채호씨의 이두해석」 1, 중외일보
1928.3.6)

ㄴ. 氏는 방언을 등한시하는 듯하다. 氏가 碧骨池[30]의 '벽골'을 '벼골'
즉 '稻邑'이라 한바 '벼'는 즉 백제의 방언이라 한 것이나 本是
남도에서는 '稻'를 '벼'라 하지 않고 '나락'이라 하나니 고로 『櫟翁
稗說』에도 '羅祿'이라 한 것도 이것이라.(「신채호씨의 이두해석」
2, 중외일보 1928.3.7)

ㄷ. 遺失한 고대사를 오직 漢史에서만 採할 것이 아니라 일본사에서
도 참고를 取할지라. 씨는 일본 古史의 기록을 믿함이 弱한 모양
이라. … 이와 같이 주관적 의사만 取하면 그 학설은 鹿皮曰字라
하기 可하다. … 오히려 金澤 설이 근사한 것 같으니라.(「신채호
씨의 이두해석」 3, 중외일보 1928.3.8.)

(25) 씨의 史論에 있어서도 고려할 여지가 많으나 … 씨는 이런 불필요
를 除하고 필요 있는 것만 案題하매 나는 많은 感想을 起하는 동시,
그의 학설을 얼마큼 敬讀하는 것이라.(「신채호씨의 이두해석」 3,
중외일보 1928.3.8.)

위 진술에서 보듯, 안확에게 있어 신채호의 연구 성과는 상당 부분
실증적 자료에 기반하지 않은 '주관적'인 것이었다. 나아가 안확은, 신
채호가 이념상의 이유로 피하였음직한 金澤庄三郞(1872-1967)의 주장
에 대해 '근사'한 것 같다고까지 말한다. 그는 '객관' 즉 실증을 위해서
는, 한국인의 이념과 배치될 수 있는 '일본 古史의 기록'이나 일본인의
'학설'에 의지해도 무방하다는 태도를 보이기도 하였다. 그럼에도 불구
하고 (25)에서는 신채호의 역사학이 '필요'한 것, 실용적인 것을 다뤘던
까닭에 '敬讀'할만 한 가치를 지닌다고 덧붙인다. 이로써 안확의 신채호
비판에 대한 검토를 통해 안확이 실증적 · 실재적 · 실용적 국학을 추구

---

30) 전북 김제시에 남아 있는 백제 시대의 저수지.

하고 있었음을 확인하게 된 셈이다.

3. 안확과 국어 연구

국어와 관련하여, 안확은 일생동안 2편의 저서와 30여 편의 논문을 발표하였다. 그는 음운론, 문법론, 문자론 그리고 계통론·국어학사 등 국어학의 거의 전 영역에 걸쳐 매우 방대한 업적을 남겼다. 이들 업적을 종합하여 살필 때 그는 대체로, 다음과 같은 성향을 가지고 국어 연구를 수행하였다고 할 수 있다.

1) 과학주의

안확은 자신이 획득한 서양의 일반언어학적 방법을 바탕으로 국어 연구를 진행하고자 하였다.

> (26) ㄱ. 본서는 여러 曲見詭說을 배제하고 문법학, 음성학, 문자학 또는 <u>언어학 등의 원리원칙</u>을 취하며(『수정조선문법』 著述要旨2, 1923)
> ㄴ. 우리는 먼저 언어학을 연구하여 학술적으로 연구할 것이니 … <u>근래 문법론자의 설명은 과학적이 아니오</u>(「조선어연구의 실제」, 1926.12, 권5:46-49)
> ㄷ. <u>하나의 국어를 관찰한 뒤에 눈을 돌려 다른 나라의 언어</u>를 관찰한즉 각기 특질의 있는 것을 知得할지라.(「조선어의 연구」, 1931.2, 권5:100)

그는 일반언어학에 기반을 두지 않은 언어 연구는 과학적이 아니라고 여기고 있었다.[31] 그리하여 그는 국어에 대한 과학적 연구를 위해, 가능한 한 실재 자료에 의지하는 실증적 방법과 여러 언어의 예를 견주어 설명하는 대조적 방법을 사용하였다. 이는 자신의 국어 연구가 보편성에 위배되지 않도록 하는 데 궁극적인 뜻을 둔 것이었다.

(1) 실증적 연구 방법

안확의 국학은 실재하는 자료에 근거하여 실증적으로 이루어지는 경향을 보였다. 이러한 경향은 국어 연구의 영역에서 또한 마찬가지였다.

(27) ㄱ. 인용한 책은 頗多하야 일일이 기재치 못하니 書院과 古家의 장서며 일본 上野 도서관, 북경 관립 藏書閣, 상해 천주교 書樓 등에 周遊耽讀한바 … 漢書로는 九通, 각종 법전, 古今 治平畧, 연감, 類書 등과 서양서로는 독일 법제사, 로마 법제사, 각종 정치사, 정치학 등 통합 8,500책이 되다.(『조선문명사』 述例1, 1923)

ㄴ. 그 변화된 내용에 있어서는 古文獻이 전해지지 않아 자세히 알기가 어렵다. 古語의 완전한 형태를 알기는 세종 때로부터 세조 때까지 諺文으로 기록하여 나온 서적에 의지할 수밖에 없다.(「조선어의 연구」, 1931.2, 권5:106)

(27ㄱ)은 그가 博覽한 서적이 8,500책에 달함을 밝혀 놓은 진술이다.

---

31) 19세기 서양의 학문적 전통은 역사적인 것이 아니면 과학적 가치를 인정하지 않던 역사주의다(정승철 2010:174). 이에 따라 서양에서는 역사비교언어학이 학문적 주류를 형성하게 되는데 안확 또한 이러한 사정을 잘 알고 있었던 듯하다; 동양 비교언어학의 건설은 大事業, 大運動이요, 또 언어 연구의 진면목이라.(「조선어원론」 239, 1922) 그런데 사실적 차원에서 안확의 국어 연구는 역사비교언어학의 범주에 든다고 말하기 어렵다. 현대적 관점에서 굳이 이야기하자면 그의 국어 연구는 오히려, 대조언어학의 영역에 더 가깝다고 할 수 있다.

이와 같은 참고 자료의 방대함에다가 그는, (27ㄴ)에서 보듯 실재하는 자료에 철저히 의지하는 신중함을 보인다. '박람'하면서 실증적인 경향, 안확의 국학에서 연구사가 유독 많이 나타난다는 사실도 이러한 성향과 관련된다. 국어 연구의 영역으로 한정할 때『조선문학사』(1922:120~124)의 文體史, 「조선어원론」(1922)의 "朝鮮語學史"(권2:244~248), 「사서의 류」(1925.5)에 보이는 辭典史, 「언문에 관한 참고」(1925.5)와 「각국의 철자론과 한글문제」(1930.1)의 국내외 표기법사, 「언문과 문화 급 민족성」(1938.7)의 "諺文史"(권5:114~115) 즉 훈민정음사 등은 바로 그러한 계열에 속하는 업적들이라고 할 수 있다.32)

(2) 대조적 연구 방법

안확의 국어 연구 업적에서 논의의 근거로 외국어의 예를 제시하는 경우는 매우 흔한 일이다.

> (28) ㄱ. 두 개 父音으로써 初頭音을 이루지 않으니 서양어에는 Clas,
>   Glad, Spell, Tree 등으로 두 개 父音을 合發하다. 朝語는 받침만
>   二終聲이 있어 '밟, 늙' 등이 있느니라.(「조선어원론」 223, 1922)
> ㄴ. 各國語는 같은 계통이 아니라도 서로 相同한 것이 있으니 朝鮮
>   語의 '똥, 보리, 어느' 등은 영어의 'dung, Barley, any' 등과 같으

---

32) 안확의 업적에서 다음과 같은 견해가 이미 제시되어 있다는 점도 특기할 만하다. ① 俞龜堂의 … 저술 '大韓文典'은 실상 조선어학의 개척이라. 崔光玉의 '大韓文典'이 가장 먼저 나왔다 하나 이는 俞씨의 원고를 借印한 것인 듯하다 하노라.(『조선문학사』 121, 1922) ② 본래 鄭麟趾 서문에 '字倣古篆'이라 한 일이 있으나 이는 세종께서 諺文을 한자와 관계가 있게 만들었으니 반대하지 말고 한자와 한가지로 尊崇하여라 하는 암시에 불과한 문구요.(「언문의 출처」, 1926.10, 권5:42) ③ 근일 합리주의자들은 말하되 한글 표기법의 불규칙은 崔씨의 죄라고 역설하나 그는 大不可한 誤論이다.(「각국의 철자론과 한글문제」, 1930.2, 권5:6) ①은 俞吉濬의 『大韓文典』(1909), ②는 훈민정음 해례의 '字倣古篆', ③은 崔世珍에 관한 내용인데 이들은 광복 이후에 한참을 지나서야 주목을 받게 된 주장들이다.

며 支那語의 '猫'는 埃及語의 'Mau'와 같으며 小兒의 '빠빠(父),
맘마(食, 母)' 등은 세계가 동일하다.(「조선어의 성질」, 1930.7,
권5:79)

(29) ㄱ. 내가 학자 제군에 향하야 … 크게 바라는 것은 외국어를 배워
비교연구를 施하라 함이로다.(「조선어원론」 239, 1922)

ㄴ. 외국어를 알지 못하면 자국어의 가치를 발견할 수 없다 한지라.
(「범어와 조선어와의 관계」 3, 1928.12, 권5:77)

ㄷ. 이 '謎33)란 것은 각국에 모두 있는바 一種 戲謔的 弄舌에 불과한
것이라 할지라. 그러나 조선의 '謎'는 매우 기묘하게 발달된 것
이니 연구하여 보면 3종으로 분별하기 可하다.(「조선어의 연구」,
1931.2, 권5:108)

(30) 조선어도 크게 전파하여 외국어로 化作한 것이 많은지라. … 본보
지면에 제한이 있어 약간만 보이노라. … 馬: 말(조선어), 우마(일
본), 모리(몽고), 모린(만주) … 母: 으미(조선어), 오모(일본), 아매
(유구), 에메(몽고, 妻), 에메(만주)(「조선어의 가치」, 1915.2, 권5:9)

(28)에서처럼 안확은 자신의 주장을 내세우는 가운데 종종, 외국어의
예를 들어 대조언어학적인 서술을 시도하였다. 이를 통해 안확이 목표
하였던 바는 대체로, 외국과의 '차이' 또는 '공통성'을 부각시켜 '자국
어의 가치' 즉 한국 고유의 특성을 찾아내고 그 특성이 다른 나라에
미친 영향 관계를 파악하는 데 있었다. (30)은 이러한 사정을 잘 보여
준다.

이들 단어에 대한 '비교연구'의 결과, 안확은 형태상으로 유사한 '우
마(일본), 모리(몽고), 모린(만주)' 등을 국어 '말'에서 '化作'한 예로 간
주하였다. 국어가 祖語이고 그 영향의 흔적이 이들 단어에 남은 것으로
이해하였다는 말이다. 하지만 국어가 이들 언어보다 앞선 단계의 언어
였다는 점에 대해 어떠한 실재적 증거도 발견되지 않는다. 이는 안확의

---

33) 이는 '수수께끼'를 가리킨다.

국학이 부분적으로, 이념적 성향을 띠고 있었음[34]을 시사한다. 말하자면 그의 국학은, 한국 고유의 특성이 元祖的이고 매우 우수하다는 믿음[35] 위에 굳건히 자리하고 있었던 셈이다.

물론 어떠한 경우에도 그의 대조언어학은 '보편성'에 깊이 의지하고 있었다. 다음 진술이 이를 단적으로 잘 드러낸다.

> (31) ㄱ. 이와 같은 변화 법칙은 세계 어법상 제일 절묘한 규칙이라. 이를 모음조화라 … 자연과학에 있어서는 公理를 표준할 뿐이니 2와 1의 합이 3이라 하는데 어떤 이유로 3이 되느냐 하는 것은 논리를 키지 못해.(「근모음변화의 조직」, 1927.2, 권5:52~53)
> ㄴ. 우선 바울 氏의 문법 원리를 공부하는 것이 可해. … 우리는 보편적을 위주로 함이 可하니 好奇的이나 一便的의 쑥스런 일은 休할지라. … 순행동화(progressive assimilation), 역행동화(Regressive assimilation) 등으로 음성학상 법칙이 있어 세계가 동일한 현상이니라.(「병서불가론」, 1927.3, 권5:57~61)

2) 실용주의

안확은 의사소통 수단을 '표준어'로 통일하고 그것을 바탕으로 한 언문일치를 달성하기 위해 국어 연구를 진행하였다.

---

34) 흥미롭게도, 그는 '45세 이전' 즉 1930년 이전에 이룬 자신의 연구가 약간의 이념적 성향을 띠었음을 반성하기도 한다; 나도 45세 이전의 저술과 그때에 가졌던 立場性을 지금 와서 크게 후회한다.(「고문연구의 태도」, 1939.11, 권4:645)

35) 물론 1930년 이후의 저술에서는 이러한 믿음이 다소 약화된다; 조선어의 성질을 고찰하면 우랄알타익語族의 通有性과 相同하니 이는 다음 10개조로 보기 용이하다. … 이런 비교로써 보면 조선어가 우랄어족이라 논단하기 어렵지 않은 바라.(「조선어의 연구」, 1931.2, 권5:109) 여기에서는 '우랄어족'에 끼친 영향을 언급함이 없이 그저 객관적으로 국어의 계통에 대해 진술하고 있을 뿐이다. 이와 같은 이념성의 약화는 '실증'의 강조에서 비롯된 필연적 결과로 여겨진다.

(32) ㄱ. 본서는 특히 敍述的, 실용적(Descriptive, Practical)의 体로 편찬
함.(『조선문법』著述要旨1, 1917)

ㄴ. 우리가 문법을 배움은 언어를 통일하고 文의 書하는 법을 일치
코자 함에 있는 것이라.(『수정조선문법』136, 1923)

이를테면 안확의 국어 연구는, 그 궁극적인 목표가 '실용'에 두어져
있었던 셈이다. 그리하여 그는 '표준어'나 '문체'에 큰 관심을 기울이게
된다.

(1) '표준어'에 대한 관심

안확의 국학은 사회진화론에 기반을 두었는바 그의 언어관 또한 이
에서 크게 벗어나지는 아니하였다.

(33) ㄱ. 언어의 기원은 感覺으로 生한다. … 미개인의 언어 수와 문명인
의 언어 수를 비교할지라도 또한 可知라. … 또한 언어는 항상
진화하여 不止하나니라.(「조선어원론」 176-179, 1922)

ㄴ. 미개인의 어수와 문명인의 어수를 비교하여 … 본래 사람의 사
고작용은 점차 진화된 고로 언어도 그 사고의 발전에 의지하여
가공적, 制作的의 언어를 이룬 것이다.(「조선어의 성질」, 1930.7,
권5:78-85)

(34) 조선어도 역시 우랄어족의 일종인데 이 어족 중에서는 조선어가
가장 가치 있는 것이니 말하면 조선어의 주인인 조선인은 같은 지
방 내에서 제일 진보된 文明古國의 사람으로서 찬란한 문화에 생활
하여 내려온지라.(「조선어의 성질」, 1938.11, 권5:118)

(33)에서 보듯 그는 인간의 언어를 '미개인'의 말에서 '문명인'의 말
로 점차 '진화'해 가는 것으로 이해하였다. 이처럼 안확은 사회진화론
을 언어의 영역에 투사한 '진화론적 언어관'(정승철 2009:169)을 드러

내었는데 이에 따르면 한국어는 '제일 진보된 文明古國'의 사람들이 사용하는 언어 중에 하나였다.[36]

나아가 안확은 언어의 '진화'가 방언과 표준어 사이에서도 성립하는 것으로 간주하였다. 그리하여 그는 표준어[37]에 비해 열등한 존재로서의 방언을 "逐"하자고, 당시로서는 매우 강력하게 주장하였다.

(35) ㄱ. 만일 이 방언의 발달을 자유에 방임하면 한 민족의 말이 決裂하여 사상 교통이 不能할지라. 고로 <u>표준어를 세우고 방언을 逐하나니</u> 이는 언어를 不自由케 함이 아니라, 한 나라의 언어를 통일하여 사상을 단합함으로써 국어를 보전하는 목적이니라.(「조선어원론」 186, 1922)

ㄴ. <u>표준어 중에도 또한 표준이 있어야 되는 것이니</u> 「조선말본」의 예와 같이 '뻑다귀, 늑다리' 같은 <u>卑言, 俗言을 쓰는 것은 不可</u>한 것이라.(「병서불가론」, 1927.3, 권5:57)

ㄷ. 오늘날 표준어를 세움에 대하여 말하면 <u>絶代의 文豪가 나오지 아니하면 … 京城語로써 함이 타당</u>할 것이다. … 구어에 있어서는 특히 京城言을 '京詞'라 하여 귀하게 여긴 일이 있고 <u>地方言을 '사토리'</u>라 하여 천하게 여긴 일이 있는 고로(「조선어의 성질」, 1930.7, 권5:82-83)

(36) 본서는 <u>京城言</u>의 발음 및 그 雅言에 표준하여 <u>그 법칙을 서술하고</u> 동시에 언어 통일을 목적함이라.(『수정조선문법』著述要旨1, 1923)

국어를 '보전'하고 발전시키기 위해 방언(또는 "사토리")을 없애고 표준어를 사용해야 한다는 것이다. 이러한 주장은 방언이 어문의 통일

---

36) 이로써 보면 안확의 국어 연구가 목표하였던 바는, 국어를 "第一 進步"된 언어로 만드는 데 있었다고 하겠다.

37) 안확은 한국 표준어의 역사를 두 단계로 나누어 이해하였다; <u>第一期의 標準語는 卽 慶尙道 方言</u>이다. … 至今이라도 尙州·善山語가 全國의 正言이라 하는 傳說이 잇다. … <u>第二期의 標準語는 畿湖 方言</u>으로 된 것이다.(「조선어의 성질」, 1930.7, 권5:82-83)

을 방해하므로 표준어로써 이를 대체하게 해야 한다는 생각에 바탕을 두고 있었다. (36)에서 보듯, 안확이 자신의 문법 기술에서 그 대상을 '京城言'으로 한정한 것도, 그가 가진 '표준어'에 대한 관심에서 비롯되었다고 할 수 있다.

(2) '문체'에 대한 관심

안확은 국어 연구 초기부터 '문체'에 대해 지대한 관심을 가지고 있었다. 이러한 관심은 유길준의 영향(정승철 2012a:190)에서 비롯되었음에 틀림없다.

(37) ㄱ. 본서를 지음에 있어서 <u>현대 사용하는 諺漢文混用法</u>을 쓰노라.(『조선문법』 著述要旨1, 1917)

ㄴ. <u>俞龜堂</u>의 서유견문 … 그 문체는 <u>諺漢文混用體의 대표</u>가 된 것이라.(『조선문학사』 121, 1922)

(37ㄱ)에는 '諺漢文混用法'을 써 문법을 기술하겠다는 뜻이 밝혀져 있다. (37ㄴ)에서는 안확이 '언한문혼용체'의 대표로서 유길준의 『서유견문』(1895)을 지목하였다. 유길준의 이른바 '국한문 혼용체'가 안확에게 준 영향이 가히 짐작된다.

아울러 안확은 문어와 구어의 구별, 그리고 언문일치에 대해서까지 상당히 심도 있게 언급하였다.

(38) ㄱ. 문어와 구어가 生하니 가령 助言으로 말하여도 '하노니, 진뎌, 건대, 호니' 등은 보통 구어에는 사용치 않고 특히 문자를 사용하는 문장 중에만 行하는 것이라. 此語層의 <u>文口語 二別</u>은 서양어 제국에도 모두 있으나 … 文을 作하는 사람은 언문일치의

道를 求함에 노력함이 可하다 하노라.(「조선어원론」 193, 1922)

ㄴ. 근래 신문이나 소설에 <u>怪文体</u>를 사용하여 '이다, 하얏다'<u> 등 吐</u>
<u>를 사용하여 이로써 언문일치를 표방하는 사람이 있는지라.</u> 그
러나 이는 아직 不可廢할 語措法을 强排하여 도리어 청자의 입
지를 혼란케 하는 사상을 起하는 弊에 이르게 되나니 이는 실상
문법 幼稚의 自白을 不免이니라.(「조선어원론」 193, 1922)

흥미로운 것은, 이때까지만 해도 안확은 "이다, 하얏다" 등의 '-다'체
에 대해 우호적이지 않은 태도를 보였다는 사실이다. 심지어 그것을 '怪
文体'라 부르기도 하였다.

하지만 1925년에 들어서면 사정이 달라진다. 이때부터 그가 해당 '괴
문체'를 사용하여 글을 쓰기 시작하였기 때문이다. 이를 확인하기 위해
1925년 이전과 이후의 글을 비교하여 제시해 본다(이하의 인용문은, 한
자 표기를 제외하면 거의 원문 그대로다).

(39) ㄱ. 전혀 언어의 발달이 幼稚함에 <u>在하다 할지라.</u> … 今日에 이르러
서는 此音이 다 <u>消滅한지라.</u> … 관념이 크게 발달한 것이라.(「조
선어원론」 215)

ㄴ. 그 본체의 姿는 失함이 <u>明하다 하노라.</u>(「조선어원론」 228)

(40) ㄱ. 조선인의 일대 <u>恨事이라 하겟다.</u> … 이때로써 <u>비롯하얏다 할 것</u>
<u>이다.</u> … 新訂國文 實施의 件이다.(「언문에 관한 참고」, 권5:12)

ㄴ. 조선어의 辭書는 新機軸을 發하게 <u>되얏다.</u>(「사서의 류」, 권5:17)

(39)는 1922년, (40)은 1925년 5월에 나온 글이다. 선행 구성의 차이
를 무시할 때 (39)의 '-ㄹ지라', '-ㄴ지라', '-이라', '-노라'가 각각, (40)
에서는 '-ㄹ 것이다', '-얏다', '-이다', '-갯다'로 대응된다. 이로써 후자
의 글에서 이른바 '-다'체가 사용되었음을 알 수 있다.[38]

그런데 이보다 더욱 흥미로운 것은, 1926년부터 1928년 사이에 쓴

글에서 '-다'체 이외의 문체가[39] 얼마 더 발견된다는 점이다.

(41) ㄱ. 근래 조선어를 연구하자는 소리는 四面에 들녀. 그러나 그 연구
라하는것은 다感情的이오, 학술적이 안이야. … 필경 효과를 성
취치 못하엿서.(「조선어연구의 실제」, 1926.12, 권5:45)[40]

ㄴ. 이는 참으로 문학사의 眞相을 탐구하기 可한 재료라 할 만할새
… 수효가 30여 편에 屆達해. … 향가 다시 말하면 鄕土의 歌라
햇서.(「여조시대의 가요」, 1927.5, 권4:280)

(42) 만흔 열정이 잇는 줄로 알겟슴니다. … 신라의 유물이외다. … 내가
7년 전에 支那 북경에 가서 악기를 조사하야 보앗스나 거긔는 淸朝
時의 遺品인 最近品박게 업고 조선은 참 4,000년 전 유물이 만히
잇슴이다.(「세계인이 흠탄하는 조선의 아악」, 1928.5, 권5:142)

(41)은 이른바 '반말체', (42)는 '-습니다'체가 쓰인 글이다. 거칠게
대비하여 '-다'체를 문어체라 한다면 여기서의 '반말체'나 '-습니다'체
는 구어체에 해당한다. 따라서 (41), (42)는 안확이 자신의 저술에서 구
어체의 글쓰기 방식을 시험하고 있었음을 시사해 준다. 짐작하건대,
"言文一致의 道를 求함에 努力"(「조선어원론」 193)한 결과의 하나로서
그의 이러한 시도가 이루어졌던 것으로 여겨진다.[41]

---

38) 김미형(2002)에 따르면 "1923년" 무렵부터 논설문의 문체는 거의 '-다'체로 고정된다.

39) 이러한 특이 문체의 글들이 모두, 『동광』과 『현대평론』에 실려 있다는 점도 특기할
만하다.

40) 이 인용문에서는 원문의 띄어쓰기를 그대로 두었다. 독특하게도, 이 시기의 몇 저술에서
안확은 어절 단위의 띄어쓰기를 사용하고 있다. 그런데 안확의 저술에서 이러한 띄어쓰
기가 일반화되기 시작한 것은 「언문과 문화 급 민족성」(1938.5) 이후의 일이다. 따라서
이 시기에 나타난 안확의 띄어쓰기는 본인이 의도하지 않은 것일 가능성이 있다. 이러한
띄어쓰기를 보인 업적의 게재 잡지가 『동광』으로 한정된다는 점은, 이의 편집인이었던
朱耀翰(1900-1979)이 관여한 데서 그러한 결과가 초래되었음을 짐작하게 한다(초고를
보시고 이를 지적해주신 서울대 이현희 교수님께 감사드린다).

41) 이로 보아 안확은 '언문일치'를 말뜻 그대로 이해하고 있었던 듯하다. 그의 '언문일치'에
따라, 말[言]과 글[文]을 동일하게 하기[一致] 위해 말 즉 '구어'를 소리 나는 대로 표기하

그러나 이와 같은 문체에 관한 새로운 시도는 그리 오래 지속되지는 않았다. 1928년 중후반에 이르러, 다시 '-다'체로 회귀하고 만 것이다.

(43) ㄱ. 그것은 자서이 알 수가 <u>업다</u>. … 다 와서 드럿다 한다.(「조선고악의 변천과 역대악단의 명인물」, 1928.5, 권5:138)
　　ㄴ. 서양 언어학계에서도 梵語의 성질을 연구한 후에야 비로소 과학적 근거가 확립한 <u>것이다</u>.(「범어와 조선어와의 관계」, 1928.10, 권5:77)

그 이유야 어찌되었든[42] 안확의 구어체 글쓰기는, 약간의 습작물만을 남긴 채 실패로 귀결되었다.

(44) 더구나 <u>君의 신문체인 '해, 햇서'</u> … 조선의 신문체 '한다, 하였다'를 李光洙씨가 쓰기 시작하여서 일반이 좋아가는 것을 보고 安廓씨식 문장을 보급시키고 싶은 <u>野心</u>에서 <u>前記</u> 서투른 말버릇을 쓴 것이렸다. … 신문체를 건설하고져 초조하였으나 <u>마침내 時人의 조소를 받고 만다</u>.(정열모, 「안확군에게 여함」, 1927.5)

그렇더라도 안확의 문체 시험은, 그의 국어 연구가 실용적 관심에 기반을 두고 있었다는 주장(정승철 2012a)을 단적으로 지지해 준다. 이로써 안확의 실재적·실용적 국학에서 '문체'의 문제가 매우 중요한 위치를 차지한 이유를 새삼 확인하게 된 셈이다.

는 방식을 자신의 저술에서 시험해보았으리라는 말이다.

[42] 자신의 신문체가 대중의 그리 큰 호응을 받지 못한 데에서 비롯하여 구어체 글쓰기를 포기한 것인지, 그가 '-다'체를 언문일치의 문체로 인정하게 된 데에서 비롯하여 그것을 포기한 것인지 분명히 밝혀 말하기 어렵다.

4. 맺음말 – 과학과 실용 사이에서

안확은 자신의 국학을 '과학적'이라고, 철석같이 믿고 있었다. 그러한 그가 생각한 '과학'은 실제 문제의 해결을 위한 과학, 즉 '응용과학'이었다. 그러기에 그에게 있어 과학은 결코 '이론적'일 수 없었다.

(45) ㄱ. 본서는 平易와 實地됨을 주장하며 <u>이론에 흐름을 피하여</u> 학자로 하여금 조선어의 일반 지식을 理會케 함이라.(『수정조선문법』 著述要旨1, 1923)
ㄴ. 받침을 잘 써야 옳 하나 이 옳다는 것은 이론이요, 實地를 주장하는 문법과는 관계가 없다. … 문법은 결코 <u>이론에 의지</u>하여 말하는 것이 문법학상 定則이 아니니라. … 근래 문법론자의 설명은 과학적이 아니오(「조선어연구의 실제」, 1926.12, 권5:48-49)

실재에 기반하되 '이론'에 너무 기울어져서는 안 된다는 말이다. '이론' 과학이 아니라 '응용' 과학, 그것이 안확 국학이 추구한 과학이었던 것이다. 그리하여 그는 (45ㄴ)에서 보듯, '이론에 의지'한 업적들에 대해 단호하게 과학적이 아니라고 선언하였다. 그가 보기에, 주시경 또는 주시경 계열 학자들의 업적은 너무 '이론' 중심적이어서 '과학'이 될 수 없었다.

한편 그의 과학은 그 자체로 연구의 '가치'를 갖지만 '이념적'이어서는 안 되는 것이었다.

(46) ㄱ. 학술은 <u>학술 자신의 가치를 위하여</u> 연구하는 것이오(「조선어연구의 실제」, 1926.12, 권5:45)
ㄴ. 그 다음에는 隱蔽의 오류다. 자기 立論에 형편상 좋은 것만 열거하고 그 形便에 좋지 않은 것은 고의로 棄却하니(「고문연구의 태도」, 1939.11, 권4:642)

연구자의 이념에 따라 필요한 자료에만 근거하여 이루어진 '설명'들은 '과학적'이라 부를 수 없다는 말이다. 이처럼 안확은 자신의 국학에서 가급적, '이념'을 배제하고자 하였다.

하지만 그가 활동하였던 때는 '日帝로부터의 독립'이라는 '이념'이 지배하던 시기였다. 그러한 까닭에 '실증'을 바탕으로 '이념'을 驅逐하려는 그의 국학은 당시의 지식인들로부터 배척당할 소지를 다분히 가지고 있었다. 또 '과학'이란 본질적으로, '이론'에 바탕을 두지 않으면 안 되는 것이었다. 그가 주시경을 '이론적'이라 평할 수는 있어도 그것만으로 '과학적'이 아니라 할 수는 없는 일이었다. 그러한 차원에서 '주시경 일파'의 한 사람으로서 鄭烈模(1895-1967)의 다음 비판은 바로 이를 겨냥한 것이었다.

(47) 君은 적어도 과학의 뜻을 모르는 사람 같다. … 君은 첫 꼭대기에서 문법의 과학적 연구를 제창하고 여기 와서는 "空然히 理論上 個人 意見을 가지고 云云" 하였으니 이론 없는 과학이 어디 있던가.(정열모, 「안확군에게 여함」, 1927.5)

이와 같이 안확은 실용을 위한 과학을 주장하였다. 그러기에 그의 '과학'은 이론적이어서는 안 되었다. 아울러 과학은 실증적이므로 그의 '과학'은 이념적이어서도 안 되는 것이었다. 이론적이지도 이념적이지도 않은 과학 나아가 실용적이며 실증적인 과학 그것이, 안확이 추구한 국학의 궁극적인 목표였다. 하지만 '국학'이 언제나 실용적이면서 실증적일 수만은 없다는 데에서 안확의 과학은 한계를 지니고 있었다. 이를테면 과학과 실용, 그 사이에 안확 국학의 한계가 이미 자리하고 있었던 셈이다. 그러한 제한이 '신분'상의 제약과 더불어, 안확 자신에 대한 외면의 빌미를 제공하였다고 할 수 있다.

참고문헌

강복수(1972), 『국어문법사연구』, 형설출판사.

강영주(2004), 국학자 홍기문 연구, 『역사비평』 68, 154~198.

고영근(1998), 『한국 어문 운동과 근대화』, 탑출판사.

구본관(2003), 안자산의 언어관과 국어 연구, 『어문 연구』 31-1, 367~391.

권오성(1990/1994), 자산 안확 국악연구에 대한 고찰, 『자산안확국학논저집』 6, 여강출판사, 173~190.

권오성·이태진·최원식 편(1994), 『자산안확국학논저집』 1-6, 여강출판사.

김미형(2002), 논설문 문체의 변천 연구, 『한말연구』 11, 23~71.

김용섭(1972), 한국 근대역사학의 성립, 『(월간) 지성』 1972년 3월호, 22~45.

김창규(2000), 『안자산의 국문학연구』, 국학자료원.

동아문화연구소 편(1971), 『국어국문학사전』, 신구문화사.

유준필(1990/1994), 자산 안확의 국학사상과 문학사관, 『자산안확국학논저집』 6, 여강출판사, 101~172.

배수찬(2006), 근대적 글쓰기의 형성 과정 연구, 박사논문(서울대 국어교육과).

송성안(2003), 자산 안확과 마산, 『근현대의 마산 사회』(경남지역문제연구원 연구총서 8), 경남대, 259~291.

안병희(2003), 안확의 생애와 한글연구, 『어문 연구』 31-1, 321~344.

이기문(1988/1994), 안자산의 국어 연구 - 특히 그의 주시경 비판에 대하여, 『자산안확국학논저집』 6, 여강출판사, 77~99.

이동영(1965), '안자산(확)' 연구, 『청구공전논문집』 2, 37~46.

이승민(2011), 자산 안확의 생애와 체육사상, 석사논문(중앙대 체육학과).

이태진(1984/1994), 안확의 생애와 국학세계, 『자산안확국학논저집』 6, 여강출판사, 11~58.

이현희(1994), 『한국민족운동사의 재인식』, 자작아카데미.

이희정(2008), 『한국 근대소설의 형성과 『매일신보』』, 소명출판.

정승철(2005), 근대국어학과 주시경, 『한국 근대 초기의 언어와 문학』(이병근 외), 서울대출판부, 77~138.

정승철(2009), 어문민족주의와 표준어의 정립,『인문논총』(경남대) 23, 159~
180.

정승철(2010), 小倉進平의 생애와 학문,『방언학』 11, 155~184.

정승철(2012a), 안확의『조선문법』(1917)에 대하여,『한국문화』(서울대) 58,
179~195.

정승철(2012b), 자산 안확의 생애와 국어 연구,『진단학보』 116, 241~265.

정열모(1927), 安廓君에게 與함,『동광』 13, 48~67.

최원식(1981/1994), 안자산의 국학 - '조선문학사'를 중심으로,『자산안확국
학논저집』 6, 여강출판사, 59~76.

한국국학진흥원 편(2003),『자각론 · 개조론』(정승교 해설 · 윤문), 한국국학
진흥원.

허웅 · 박지홍 엮음(1973)『증보 국어 국문학 사전』, 일지사.

[부록] 자산 안확의 논저 목록

1914. 12.	偉人의 片影(학지광 3)
1915. 2.	偉人의 片影(학지광 4)
	今日 留學生은 何如(학지광 4)
	朝鮮語의 價値(학지광 4)
	朝鮮文字의 小論(불교진흥회월보 8)
1915. 5.	二千年來 留學의 缺點과 今日의 覺悟(학지광 5)
	朝鮮의 美術(학지광 5)
1915. 6.	朝鮮의 文學(학지광 6)
1916. 9.	偉人의 片影(학지광 10)
	朝鮮語學者의 誤解(학지광 10)
1917. 1.	『朝鮮文法』(唯一書館)
1920. 3.	『自覺論』(匯東書館)
1920. 9.	人民의 三種類(공제 1)
1920. 10.	有識階級에 對하야(공제 2)
	獨逸民族의 氣質(공제 2)
1921. 2.	『改造論』(조선청년회연합회)
1921. 3.	三重危險과 自覺(아성 1)
	靑年會의 事業(아성 1)
	朝鮮文學史(아성 1)
1921. 5.	精神의 整理(아성 2)
	不平論(아성 2)
	世界文學觀(아성 2)
1921. 6.	朝鮮奴隷史(공제 8)
1922. 4.	『朝鮮文學史』(韓一書店)

1927. 5.   麗朝時代의 歌謠(현대평론 1-4)

1927. 6.   呑棗냐 構說이냐(동광 14)

1927. 7.   東洋文字의 種種(현대평론 1-6)

1927. 8.   時調作法(현대평론 1-7)

1927. 11.   各國言語의 個性 1~4(중외일보 1927.11.6~9)

                諺文의 古今(중외일보 1927.11.13~14)

1928. 1.   鄕歌의 解 1~9(중외일보 1928.1.20~28)

1928. 2.   東洋의 音論과 諺文 1~7(중외일보 1928.2.11~17)

1928. 3.   申采浩氏의 吏讀解釋 1~3(중외일보 1928.3.6~8)

                音樂의 縱橫談 1~3(중외일보 1928.3.12~18)

                日本音樂의 月旦 1~3(중외일보 1928.3.27~29)

1928. 4.   言語와 音樂(중외일보 1928.4.18~21)

1928. 5.   朝鮮古樂의 變遷과 歷代樂壇의 名人物(별건곤 3-2)

                世界人이 欽歎하는 朝鮮의 雅樂(별건곤 3-2)

                太極紋에 對한 一考 1~4(중외일보 1928.5.18~21)

1928. 6.   新羅의 武士魂 1~4(중외일보 1928.6.11~14)

1928. 10~12.   梵語와 朝鮮語와의 關係(불교 52~54)

1929. 3.   平民文學을 復興한 張混先生 1~5(조선일보 1929.3.3~8)

1929. 4.   平民文學を建設した張混先生 1~7(조선사상통신 4.16~23)

1929. 10.   朝鮮樂과 龜玆國樂(불교 64)

1929. 12.   朝鮮歌詩의 苗脉(별건곤 4-7)

1930. 1.   朝鮮古來歌曲의 內脉과 그 歌法 1~5(조선일보 1930.
                1.22~26)

                朝鮮古代의 舞樂(신생 16)

                千年前의 朝鮮軍樂(조선 147)

1930. 1~6.   朝鮮音樂과 佛敎(불교 67~72)

1942. 1.　　　　朝鮮武士小史 1~5(讀史餘祿, 조선일보 1942.1.18~25)

1943. 1.　　　　高句麗의 文學(平山(申)瑩鐵 編, 半島史話와 樂土滿洲,
　　　　　　　　滿鮮學海社)

　　　　　　　　半島武士道의 由來와 發展(平山(申)瑩鐵 編, 半島史話와
　　　　　　　　樂土滿洲, 滿鮮學海社)